序　言

今年年初的一次聚会,宋扬神秘地走到我面前,边从包里掏着什么,边略带兴奋和羞涩地小声跟我说:"卢妈,我写了一本专著,想请您写个序。"接着便掏出了厚厚的一沓纸放在了我的面前。

记得当时我的心情真是又惊又喜。宋扬刚刚完成博士学业不久,便完成了人生第一本专著,真是可喜可贺!但我知道,这本专著的背后一定是他用多少个不眠之夜换来的。

宋扬自从2011年硕士毕业,便走上了三尺讲台,先后在河北师范大学、北京体育大学讲授普通话语音及发声的相关课程,在学习和教学实践中积累了较为丰富的一线经验。此次写就的《普通话训练手册:50天突破》便是他多年教学经历的总结与升华。在我看来,这是一本不可多得的普通话语音学习基础性教材。由于它条理清楚、深入浅出、精炼易懂、针对性强,因此,它的受众不仅仅局限于大中专院校的学生,尤其适合普通话语音零基础的学习者作为入门材料使用,特此推荐!

我与宋扬结缘是在2009年,我是他在中国传媒大学读硕士时的导师。转眼十几年过去了,我见证了宋扬从一个热情积极、勤于思考的小伙子变成了成熟稳重、有责任担当的父亲；我钦佩他在工作学习中迎难而上、不断创新的可贵精神；喜悦他一步一个脚印的进步和成长。如今，我已退休，而他正在为成为一名优秀的教师而孜孜不倦地探索着。

卢静
2021 年 11 月 8 日

目 录

导　读 ·· *1*

第一周　平舌音 z、c、s 与翘舌音 zh、ch、sh 不分的问题 ··· **1**

　　第一天　／3

　　第二天　／14

　　第三天　／19

　　第四天　／26

　　第五天　／33

第二周　舌尖前音 z、c、s 的齿间化问题 ················ **47**

　　第六天　／49

　　第七天　／52

　　第八天　／56

　　第九天　／61

　　第十天　／65

第三周　舌尖中鼻音 n 与舌尖中边音 l 不分的问题 ········ **69**

　　第十一天　/ 71

　　第十二天　/ 75

　　第十三天　/ 80

　　第十四天　/ 84

　　第十五天　/ 88

第四周　舌面音 j、q、x 的舌尖化问题 ················ **97**

　　第十六天　/ 99

　　第十七天　/ 103

　　第十八天　/ 109

　　第十九天　/ 114

　　第二十天　/ 120

第五周　发声中字头叼不住、吃字的问题 ··············· **125**

　　第二十一天　/ 127

　　第二十二天　/ 131

　　第二十三天　/ 136

　　第二十四天　/ 141

　　第二十五天　/ 146

第六周　前鼻音韵尾 n 和后鼻音韵尾 ng 不分的问题 ······ **151**

　　第二十六天　/ 153

　　第二十七天　/ 159

　　第二十八天　/ 165

第二十九天 / 170

第三十天 / 180

第七周 韵母中的韵腹在发音中开度不够的问题………… **185**

第三十一天 / 187

第三十二天 / 191

第三十三天 / 199

第三十四天 / 204

第三十五天 / 208

第八周 复合韵母发音中舌位动程不足的问题………… **217**

第三十六天 / 219

第三十七天 / 227

第三十八天 / 235

第三十九天 / 239

第四十天 / 245

第九周 普通话"声调"发不准的问题……………… **251**

第四十一天 / 253

第四十二天 / 259

第四十三天 / 265

第四十四天 / 269

第四十五天 / 275

第十周　普通话"儿化"发不好的问题 ·············· *281*

  第四十六天　/ 283

  第四十七天　/ 287

  第四十八天　/ 291

  第四十九天　/ 297

  第五十天　/ 302

后　记 ··· *307*

导 读

欢迎打开《普通话训练手册:50天突破》,开始普通话学习的旅程,与我一道努力,和自己的方言语音说再见。

本书不同于传统普通话教材逐一对21个声母、39个韵母、4种声调进行顺序讲解的方式,而是在对丰富的语音样本进行广泛分析与细致总结之后,建设性地提出了十个普通话学习过程中的常见问题,并以这十个普通话学习过程中的痛点为切口,有针对地展开各个击破、层层递进式的教学。值得注意的是,本书为普通话学习者构建了一个更为有趣、更富效率的学习场景:十个痛点的学习对应十个章节,每个章节又分别对应了五讲,即五天的学习——这样,每天学习一个小节,一周五个工作日便可完成一个痛点的改错;最终通过日积月累,利用十个自然周、五十个工作日,便可通读本书,彻底完成对普通话知识的梳理和对语音的纠正。此外,在每一节的末尾都有针对本节知识内容的丰富练习材料供学习者巩固当日所学,在每一章的开始,我们还将该章(周)的知识进行了全局性的清晰梳理,并对每一个知识点进行了特别的编号,如"030502"对应的便是"第三个语音痛点学习的第五天的第二个知识点",使学习者能够快速定位并掌握该知识。另外,本书还绘制了丰富的图画与表格对相关知识进行直观的释义,由于图表数量众多,在本书开头部分列有"图表快速检索",学习者可以利用此索引快速查阅相关理论内容,找到练习材料。

除此之外,普通话语音的学习在相当程度上依赖"口传心授"的教学模式,文字的描述即使再详尽也恐有不到之处。针对于此,读者在本书显著位置还可看到一些二维码入口,通过扫描二维码便可快速进入知识问答与交流专区,以一对一的形式讨论更为个性化的普通话学习问题,这也是本书在垂直与细分领域互动式知识供给,以及数字出版方面的有益尝试。

在本书出版之前,我与我的教学团队运用书中所涉及的普通话教学方法,基于"宋读新文"公众号发起的"播音主持全民公益晨读计划",针对来自全国各地超过十万份的语音样本,已经至少完成了五轮卓有成效的教学,已帮助上千人克服了普通话学习中的语音错误顽疾。在这些人中,有媒体的播音员主持人,有播音与主持专业的大学生,有刚刚步入职场的毕业生,有人到中年仍希望完成自我提升的公司职员,有尚处于语言敏感期而苦于没有良好普通话交流环境的少年,也有正在享受夕阳红却希望用标准普通话与儿孙交流的白发老人。所以无论何时,不管在哪,普通话已经逐渐成为现代人生活的刚需,在此,热情地欢迎你加入我们,即刻学说一口流利、地道的普通话!

第一周 平舌音 z、c、s 与翘舌音 zh、ch、sh 不分的问题

第一周学习内容

010101：什么是平舌音，什么是翘舌音
010102：平翘舌不分问题的基本分类与成因
010103：小单元单音节字词练习的目的与注意事项
010201：图解声母的发音部位
010202：按照发音部位分类的七组声母
010203：小单元多音节词语练习的目的与注意事项
010301：从发音部位的角度谈如何发好平舌音
010302：平舌音发音部位的质疑与讨论
010303：平舌音发音中的常见问题
010401：从发音部位的角度谈如何发好翘舌音
010402：翘舌音发音中的常见问题
010501：利用形声字的"声旁"进行区分
010502：利用声韵拼合关系"记少不记多"地进行区分
010503：使用书面标记法进行平翘舌的区分

第一周 平舌音 z、c、s 与翘舌音 zh、ch、sh 不分的问题

第一天

010101：什么是平舌音,什么是翘舌音
010102：平翘舌不分问题的基本分类与成因
010103：小单元单音节字词练习的目的与注意事项

在普通话学习的第一周,我们首先将目光聚焦在"平翘舌不分"这类问题的讨论与改正上。谈到普通话学习中最常见的问题,可以毫不夸张地说,"平翘舌不分"的问题最普遍,困扰着绝大多数想要说好普通话的学习者。如果你留意观察周围的朋友、同学或者同事,一定有那么几个发不好 z、c、s 或 zh、ch、sh 的人。我们从方言角度来看,不论是在粤方言、吴方言还是北方方言中,都或多或少存在"平翘舌不分"的问题;我们再从地域方面来讲,南到广东省、海南省,北到东北三省,甚至普通话基础最好的河北省,也都不同程度地表现出"平翘舌不分"的问题。正是由于这类问题的广泛存在和深刻影响,在普通话训练的伊始,我们就先来打响这个看似最为困难的"攻坚战",一起完成普通话学习的第一个关键突破。我们先来看看,到底什么是"平舌音",什么是"翘舌音"呢?

一、什么是平舌音,什么是翘舌音?

什么是"平舌音",什么是"翘舌音",一言以蔽之——"平舌音"就是以 z、c、s 三个辅音作为音节最开头的声母的音,而"翘舌音"就是以 zh、ch、sh、r 四个辅音作为音节声母的音。因而,"平翘舌不分"的问题,实际上就是 z-zh、c-ch、s-sh 不分或混淆的问题。

进一步来讲,从以发音部位为声母命名的角度来说,z、c、s 这组声母叫作"舌尖前音",zh、ch、sh 这三个声母是"舌尖后音"的重要组成(有关这两组音发音部位的说明,在后文中会有详细讲解)。但是非常有趣的是,这两组音在成音时,除了舌尖的成阻与接触位置不同之外,其他的维度,如口腔的开度、唇形的圆展几乎都是相同的,因而这两组音就形成了天然的"对比音"。想要发准、发好这组对比音,似乎只要舌尖向前平伸,就能轻松地发出 z、c、s;相对的,只要舌尖向上一抬,自然翘起,就能发出 zh、ch、sh 了。正是由于发音时对舌尖的这种主观的感受,人们给这两组对比音起了一对更为直观和形象的名字,叫作"平舌音"和"翘舌音"。而接受和熟悉"平舌音"和"翘舌音"这种形象的叫法,也更有利于我们改正"平翘舌不分"的问题。

二、平翘舌不分问题的基本分类与成因

谈到平翘舌不分问题的分类,最基本的也是最容易被我们察觉和区分的,大致有两种,即"翘舌音平舌化"和"平舌音翘舌化"。

所谓"翘舌音平舌化",就是把所有舌尖后音 zh、ch、sh 作声母的音,全部用对应的舌尖前音声母 z、c、s 取代,比如"老

第一周 平舌音 z、c、s 与翘舌音 zh、ch、sh 不分的问题

师"(lǎoshī)说成"老师(lǎosī)","郑州"(zhèngzhōu)读成"郑州(zèngzōu)","手(shǒu)机"读成"手(sǒu)机",等等。相对来说,"翘舌音平舌化"现象似乎比"平舌音翘舌化"更加常见一些。其实我们只要稍加留意就会发现,在我国的七大方言体系当中,除了北方方言之外,其他方言几乎就不存在翘舌音现象——实际上这也是"翘舌音平舌化"这一语音现象如此常见的原因。关于这一问题我们略作展开。实际上近现代汉语是一种非常年轻的语言体系,汉语中开始大量出现翘舌音并开始频繁使用儿化韵,大多是受到蒙语和满语的影响,是元朝之后才有的现象。据考证,古汉语中确实鲜有翘舌音的出现,所以从某种意义上讲,没有翘舌音的泛南方方言,更能体现出对古汉语的继承。

我们再回到"平翘舌不分"问题的基本分类的讨论中来。由于"翘舌音平舌化"现象,也就是方言中缺失声母 zh、ch、sh 现象的普遍存在,很多人甚至认为,"平翘舌不分"的问题就是"翘舌音平舌化"的问题,就是不会发 zh、ch、sh 的问题,实际上这种看法是不对的。在我国的东北三省和蒙东地区,有相当一部分人的方言中没有平舌音,将所有 z、c、s 作声母的音都用翘舌音的 zh、ch、sh 代替,我们管这种语音现象叫作"平舌音翘舌化"。比如把"租(zū)车"读成"租(音 zhū)车"、把"醋酸"(cùsuān)读成"醋酸(chùshuān)",等等。我有一位祖籍为吉林的朋友,在多年前的一个上午,曾经兴高采烈地找到我,向我展示他的新手机。如果不是他同时将这款手机摆在我的眼前,如果单凭这位朋友对这款手机品牌和型号的叫法,我可能真得恍惚好一阵子,因为他告诉我,他的新手机是"山星挨时事",实际上

他想说的是"三星 S4"。

前面谈到的是平翘舌不分问题最基本的分类，但是实际上，在我们生活当中，大家会发现 z、c、s 与 zh、ch、sh 不分与混淆的问题似乎并不遵从一个理想的错误模型，并不像我们想象的这么简单，有些人表现出了更为复杂的有关平翘舌音的语音面貌。有些人的语言体系当中既有平舌音也有翘舌音，既能发好 z、c、s 也能发好 zh、ch、sh，但是由于自己在漫长成长岁月中的某些错误习惯，你会把某个、某些，甚至某种类型的平翘舌音发错，比如你会下意识地把"苏(sū)轼"发成"苏(shū)轼"，但是又会习惯性地把"抓(zhuā)鱼"发成"抓(zuā)鱼"，这样的问题往往不具典型性与规律性，而更具个性化色彩。

说到这里我们就要谈到平翘舌不分问题，乃至所有语音问题的成因这个话题了。实际上，语音问题的产生无外乎两类原因：第一类我们可以称之为方言的影响。方言母语与普通话声韵调的差异几乎可以说是普通话学习中"先天"的障碍和困难，我们在前面提到的单一性"翘舌音平舌化"或"平舌音翘舌化"就属于方言的影响。从改错的角度来说，这种单一和具体的错误类型实际上是最易纠正的，因为改错目标相对明确和清晰，学习者只要学会原生方言中没有的翘舌音或者平舌音就可以了。那么除了"先天"的方言影响之外，另外一种导致语音错误的常见成因，就是"后天"环境对人语音面貌的影响了。我们举一个非常具体的例子来说明这个问题。我曾经有一个学生，他的母语语音体系中有明确的平舌音和翘舌音，他也自认没有平翘舌的问题，可是在日常的口语交流中，他常常被同样学习播音主持专业的同学指出，他有平翘舌不分的问题，这令他苦恼不堪。后

第一周 平舌音 z、c、s 与翘舌音 zh、ch、sh 不分的问题

来,经过对他语音面貌的长期观察,我逐渐发现,这位同学的平翘舌问题并不是一个系统性的语音问题,也就是说,他的问题并不属于我们先前说的压根不会发平舌音,或根本不会发翘舌音。从汉语拼音拼合关系的角度来说,只要遇到声母 zh 与复韵母 uo 相拼合时,他的大脑皮层就会给他一个指令让他发成平舌音,也就是说,遇到诸如"桌(zhuō)子""笨拙(zhuō)""卓(zhuó)越""手镯(zhuó)""啄(zhuó)木鸟"这样的词时,他就会相应地读成"桌(zuō)子""笨拙(zuō)""卓(zuó)越""手镯(zuó)""啄(zuó)木鸟"。在发现这个错误规律后,我再次与这位同学进行沟通并帮助他进行改错。他告诉我,在他的中学时代,他有一位非常仰慕的同学,这位同学同时还是他们班的班长兼语文课代表,他的这个语音问题应该是那个时候由于对这位同学潜意识地模仿而造成的。我想这是一个非常值得关注和研究的语音错误现象。你的父母、你的老师、你的朋友,你所处的年代、你所在的集体都会成为"后天"影响因素,或多或少地塑造着你的语音面貌。而一旦形成个性化语音问题,改正起来就会显得更加困难,因为你改正的目标已经不仅仅是需要增加或者减少某个发音位置这么简单了,而变成"某个发音位置发出的音"和"某些词语和表达"需要一一正确对应的问题了。

除此之外,在我的教学实践当中,我发现这种"个性化的""复杂的"平翘舌不分问题,还会频繁地出现在改正"典型化的""简单的"平翘舌不分问题的过程当中。我们还是举例来说,比如某位同学的方言中没有翘舌音,属于典型的"翘舌音平舌化",于是他就拼命地给自己的语音加上翘舌音,这个时

候常常会出现矫枉过正的情况,结果像"租车""醋酸"这样原本他能读对的词,反而会被误读成"租(zhū)车""醋酸(chùshuān)"。如果你也属于这种情况,我想说的是,在普通话语音正音的过程当中,可能会有各种曲折,甚至是某种程度的倒退,但是这都不可怕,我们只需正视改错过程当中出现的问题,在目标明确、方法得当的情况下不断进行量的积累,终有一日会有质的突破。

三、小单元单音节字词练习的目的与注意事项

第一天的练习材料,我为大家准备了平舌音和翘舌音的小单元单音节练习。需要说明的是,在普通话语音的学习过程中,最基础却也最有效的练习内容就是有针对性的小单元练习。小单元练习包括单音节字词、双音节词语、多音节特别是四音节词语,除此之外,还包括一些古诗词和绕口令。在本书当中,我们也会大部分采用小单元材料进行针对性练习。那么具体到小单元中的单音节字词,希望大家在朗读练习当中尽量做到把每一个字发成一个"枣核型",在出字、立字和归音三个环节上加以注意。即每个字的字头能够叼住弹出、蓄气有力;字腹要拉开立起、圆润饱满;字尾要归音到位、干净利落。除此之外,还要注意调值的准确,以及保持一个适当的语速。

接下来请大家跟我一起关注本讲的练习材料——"汉语中常见的平翘舌单音节字词练习",我们在播读以下材料的同时,还应在潜意识里建立字音与字义的联系,通过最简单的单音节字词练习,检测自己是否有平翘舌不分的问题,如果有,问题的具体表现又是什么——明晰自己的问题,是改正问题的第一步!

第一周　平舌音 z、c、s 与翘舌音 zh、ch、sh 不分的问题

通过第一天对自己的问题的确定,继续进入第二天,平翘舌不分问题的第二讲。

第一天·练习材料·平舌音与翘舌音的单音节练习

第一天

za	匝 砸 杂 咂
zai	栽 哉 灾 宰 载 再 在 崽
zan	咱 攒 暂 赞
zang	赃 脏 葬 臧
zao	遭 糟 凿 藻 枣 早 澡 蚤 躁 噪 造 皂 灶 燥
ze	责 择 则 泽 仄 啧
zei	贼
zen	怎
zeng	增 憎 曾 赠
zi	兹 咨 资 姿 滋 紫 仔 籽 子 自 渍 字 梓 恣 眦 龇
zong	鬃 棕 踪 宗 综 总 纵
zou	邹 走 奏 揍
zu	租 足 卒 族 祖 诅 阻 组
zuan	钻
zui	嘴 醉 最 罪
zun	尊 遵
zuo	昨 左 佐 做 作 坐 座
ca	擦 嚓
cai	猜 裁 材 才 财 睬 踩 采 彩 菜 蔡

can	餐 参 蚕 残 惭 惨 灿
cang	苍 舱 仓 沧 藏 伧
cao	操 糙 槽 曹 草
ce	厕 策 侧 册 测
ceng	层 蹭
ci	疵 磁 雌 辞 慈 瓷 词 此 刺 赐 次
cong	聪 葱 囱 匆 从 丛 淙
cou	凑
cu	粗 醋 簇 促 蹴
cuan	蹿 篡 窜
cui	摧 崔 催 脆 瘁 粹 翠 萃 啐 悴
cun	村 存 寸 忖
cuo	磋 撮 搓 措 挫 错 蹉
sa	撒 洒 萨
sai	腮 鳃 塞 赛
san	三 叁 伞 散
sang	桑 嗓 丧
sao	搔 骚 扫 嫂 臊 瘙
se	瑟 色 涩 啬 穑
sen	森
seng	僧
si	斯 撕 嘶 思 私 司 丝 死 肆 寺 四 伺 似 饲 泗 驷
song	松 耸 怂 颂 送 宋 讼 诵 嵩 悚 竦
sou	搜 艘 擞 嗽 叟 嗖 馊
su	苏 酥 俗 素 速 粟 塑 溯 宿 诉 肃 夙 簌

第一周　平舌音 z、c、s 与翘舌音 zh、ch、sh 不分的问题

suan	酸 蒜 算
sui	虽 隋 随 碎 岁 穗 遂 隧 祟 邃
sun	孙 损 笋
suo	蓑 梭 唆 缩 索 锁 所 嗍 嗦
zha	扎 喳 渣 札 轧 铡 闸 眨 栅 榨 咋 乍 炸 诈 吒 咤
zhai	摘 斋 宅 窄 债 寨
zhan	瞻 毡 詹 粘 沾 盏 斩 辗 崭 展 蘸 占 战 站 湛 绽
zhang	樟 章 彰 张 掌 涨 杖 丈 帐 账 仗 胀 障
zhao	招 昭 找 沼 赵 照 罩 兆 召
zhe	遮 折 哲 蛰 辙 者 蔗 这 浙
zhen	珍 斟 真 臻 贞 针 侦 枕 疹 诊 震 振 镇 阵
zheng	蒸 挣 睁 征 狰 争 怔 整 拯 正 政 帧 症 郑 证
zhi	芝 枝 支 吱 蜘 知 肢 脂 汁 之 织 职 直 植 殖 执 值 侄 址 指 止 趾 只 旨 纸 志 挚 掷 至 致 置 帜 峙 制 智 秩 稚 质 炙 痔 滞 治 窒
zhong	中 忠 钟 衷 终 种 肿 重 仲 众
zhou	舟 周 州 洲 粥 轴 肘 帚 咒 皱 宙 昼 骤
zhu	珠 株 蛛 朱 猪 诸 诛 逐 竹 烛 煮 拄 瞩 嘱 主 著 柱 助 蛀 贮 铸 筑 住 注 祝 驻 伫 竺
zhua	抓 爪
zhuai	拽
zhuan	专 砖 转 撰 赚 篆
zhuang	桩 庄 装 妆 撞 壮 状
zhui	椎 锥 追 坠 缀
zhun	谆 准

zhuo	捉 拙 卓 桌 琢 茁 酌 啄 着 灼 浊
cha	插 叉 苲 茶 查 搽 察 岔 差 诧
chai	拆 柴 豺
chan	搀 掺 蝉 馋 谗 缠 铲 产 阐 颤 忏 潺 婵
chang	昌 猖 场 尝 常 长 偿 肠 厂 敞 畅 唱 倡 伥 徜 怅 娼 嫦
chao	超 抄 钞 朝 嘲 潮 巢 吵 炒
che	车 扯 撤 掣 彻 澈
chen	臣 辰 尘 晨 忱 沉 陈 趁 衬
cheng	撑 称 城 橙 成 呈 乘 程 惩 诚 承 逞 骋 秤 丞
chi	吃 痴 持 匙 池 迟 弛 驰 耻 侈 尺 赤 翅 斥 炽
chong	充 冲 虫 崇 宠 忡 憧
chou	抽 酬 畴 踌 稠 愁 筹 仇 绸 瞅 丑 臭 惆
chu	初 出 橱 厨 躇 锄 雏 滁 除 楚 础 储 搐 触 处 褚 蜍 黜
chuai	揣 踹
chuan	川 穿 椽 传 船 喘 串
chuang	疮 窗 幢 床 闯 创 怆
chui	吹 炊 捶 锤 垂 陲 棰 槌
chun	春 椿 醇 唇 淳 纯 蠢 鹑
chuo	戳 绰 辍 龊
sha	莎 砂 杀 刹 沙 纱 傻 啥 煞 霎 鲨
shai	筛 晒
shan	珊 杉 山 删 衫 闪 陕 擅 赡 膳 善 汕 扇 姗 跚 单
shang	伤 商 赏 晌 上 尚 裳
shao	梢 捎 稍 烧 芍 勺 韶 少 哨 邵 绍 艄
she	奢 赊 蛇 舌 舍 赦 摄 射 慑 涉 社 设

第一周　平舌音 z、c、s 与翘舌音 zh、ch、sh 不分的问题

shen	申 呻 伸 身 深 绅 神 沈 审 婶 甚 肾 慎 渗
sheng	声 生 甥 牲 升 绳 省 盛 剩 胜 圣
shi	师 失 狮 施 湿 诗 尸 虱 十 石 拾 时 什 食 蚀 实 识 史 矢 使 屎 驶 始 式 示 士 世 柿 事 拭 誓 逝 势 是 嗜 噬 适 仕 侍 释 饰 氏 市 恃 室 视 试 轼
shou	收 手 首 守 寿 授 售 受 瘦 兽 狩
shu	蔬 枢 梳 殊 抒 输 叔 舒 淑 疏 书 赎 孰 熟 薯 曙 署 蜀 黍 鼠 属 术 述 树 束 戍 竖 墅 庶 数 漱 恕 倏 塾
shua	刷 耍 唰
shuai	摔 衰 甩 帅 蟀
shuan	栓 拴 闩 涮
shuang	霜 双 爽
shui	谁 水 睡 税
shun	吮 瞬 顺 舜
shuo	说 硕 朔 烁

第二天

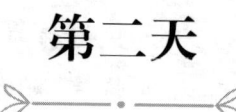

010201：图解声母的发音部位
010202：按照发音部位分类的七组声母
010203：小单元多音节词语练习的目的与注意事项

从本讲开始,我们为大家介绍改正平翘舌不分问题的具体方法。在这些方法当中,最为基础但却是最能从根本上解决问题的方法,就是从发音部位的角度出发,找到问题音的错误发音部位,与正确读音的发音位置进行对比,以校正发音部位为目标,最终完成正音的过程。而实际上,这种方法不仅仅适用于平翘舌不分问题的改正,同时也几乎是彻底改正一切有关声母方面的语音问题的良方。如果我们想要学会和掌握这种普通话学习中的好方法,我们就必须首先弄清人体的发音器官都有哪些,每组声母所一一对应的发音位置具体都在口腔当中的什么地方。

第一周 平舌音 z、c、s 与翘舌音 zh、ch、sh 不分的问题

一、图解声母的发音部位

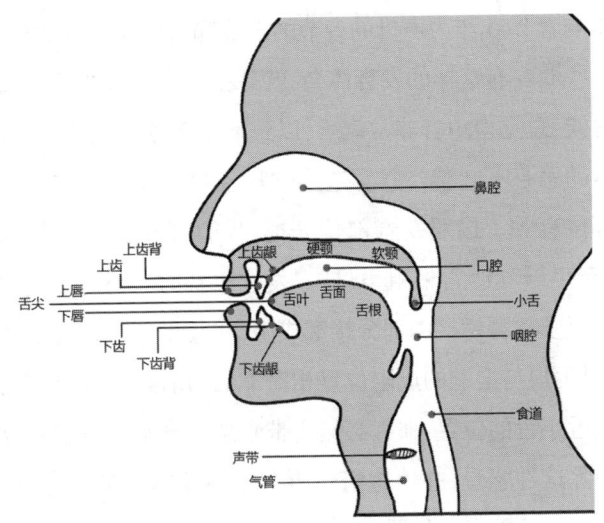

图 1-1　声母的发音（成阻）部位示意图

图 1 是一张声母发音部位或称声母成阻部位的示意图，从图中我们可以看到诸如"上唇、下齿、齿龈、舌尖、舌根、软腭、小舌、声带"等一些有关口咽腔部位的信息。这些部位，在我们发出不同声母的过程当中，会形成特定的阻碍。在语音学上，这些在辅音发音时形成阻碍的位置，就是我们在普通话正音中要特别关注的发音部位。以下试举两例说明这个问题。首先，我们生活中常见有些人发 b、p 作为声母的音节时出现含混不清的情况，很多人甚至怀疑自己是否生理上存在缺陷。这个时候，如果我们知道 b、p 这两个声母以发音部位分类，属于"双唇音声母"，那么就可以有针对性地解决这个问题。发好这组声母的关键是双唇在发音之前需要完成一个闭紧的动作，我们称这个

动作为"双唇紧闭成阻",在这个动作过程中需要在唇的三分之一处进行力量的集中,进行气息的储蓄。这个动作虽短,但是却直接影响着 b、p 作为声母的音节的准确和清晰。除此之外,可能还有一些朋友有这样的发音体会,就是在发 g、k、h 作为声母的音节的时候,总觉得声音非常靠后,以致喉头都跟着用力,甚至伴随有轻微的恶心呕吐感。其实造成这种现象的原因或多或少也跟发音部位有关。按照发音部位分类,我们管 g、k、h 这组音叫作"舌根音声母"或"舌根阻声母"。发这组音时,舌根抬起,与软腭前部甚至硬软腭桥接的部分接触成阻,相较于这个正确的成阻部位,如果舌根与上颚的成阻位置相对靠后,相接于软腭中部,甚至后部接近小舌的位置,那么必然会带来恶心欲呕等不适感受。而想要消除这种感受,并使这组音听起来不至靠后的关键,仍然是要调整到正确的发音位置。

因而,普通话学习的第一步,首先是要明确口腔当中的各个正确发音部位。至于具体的方法,我们可以对照着图1,用我们人体最灵活的舌头(舌尖、舌面和舌根)去感受图中提到的各个部位,进行反复的、一一对应的细致体会,以便快速准确地找到相应的位置。

二、按照发音部位分类的七组声母

谈到声母,笼统来说,音节的开头部分一般就是声母。在现代汉语普通话当中,一共包含了 21 个声母。在本讲当中我们反复强调的发音部位,实际上正是将这 21 个声母进行分类的其中一个维度(另一种分类标准叫作按照"发音方法"分类,我们在后文当中会进行讲述)。接下来我们通过一个表格(表1-1),将

第一周 平舌音 z、c、s 与翘舌音 zh、ch、sh 不分的问题

声母与发音部位之间的关系做一个清晰的呈现。

表1-1 七组声母的发音部位及其发音描述

按发音部位分类	所包含声母	相关发音部位	发音部位描述
双唇音（阻）	b、p、m	上唇与下唇	双唇紧闭，舌位相对比较自由
唇齿音（阻）	f	上齿与下唇	下唇与上齿接触，构成阻碍后发出的一种辅音
舌尖中音（阻）	d、t、n、l	舌尖与上齿龈	舌尖抵住上齿龈，气流在这一部位受到阻碍后发出的一种辅音
舌面音（阻）	j、q、x	舌面与硬腭前	舌面前部抵住或接近硬腭前部，气流在这一部位受到阻碍后形成的一种辅音
舌根音（阻）	g、k、h	舌根与硬软腭间	舌根和硬软腭之间相接，气流在这一部位受到阻碍后发出的一种辅音
舌尖前音（阻）	z、c、s	舌尖、舌叶与齿背	舌尖平伸抵住或接近齿背，气流在这一部位受到阻碍后发出的一种辅音
舌尖后音（阻）	zh、ch、sh、r	舌尖与齿龈后、硬腭前	舌尖与齿龈后部、硬腭前缘接触或接近，构成阻碍后发出的一种辅音

三、小单元多音节词语练习的目的与注意事项

在本讲的最后，我们为大家准备了七组声母的双音节词语小单元练习，二十一组词语，对应了二十一个声母。在朗读练习中，请大家特别注意自身每组声母的发音，看看自己声母的发音部位是否准确。除了以上练习目的之外，与上一讲单音节练习有所不同的是，练习者还要注意词语的轻重格式问题。轻重格式属于语流音变的知识范畴，双音节词语大多为"中重"格式，少部分词语为"重中"格式或"重轻"格式，请大家在朗读中注意体会和积累。

第二天·练习材料·七组声母的双音节词语练习

b	本部	辨别	不必	病变	保镖	北部
p	品评	偏僻	澎湃	攀爬	匹配	皮袍
m	买卖	命名	盲目	密码	美妙	面膜
f	发放	吩咐	肺腑	翻飞	分封	防范
d	达到	当地	对待	导弹	奠定	断定
t	通天	探讨	挑剔	厅堂	跳台	铁蹄
n	农奴	牛奶	泥泞	扭捏	女奴	袅娜
l	立论	流量	伦理	劳累	拉力	冷落
g	广告	灌溉	骨骼	公共	更改	高歌
k	可口	开阔	困苦	旷课	款款	慷慨
h	黄河	辉煌	豪华	绘画	欢呼	挥霍
j	救济	积极	仅仅	拒绝	究竟	境界
q	全球	亲切	前期	漆器	欠缺	弃权
x	学习	信息	现行	献血	选项	新秀
z	总则	自尊	在座	自责	孜孜	栽赃
c	层次	从此	粗糙	摧残	猜测	葱葱
s	速算	思索	色素	撕碎	酥松	飒飒
zh	真正	政治	主张	症状	住宅	中指
ch	超常	戳穿	长城	出差	抽查	抽搐
sh	上述	税收	手术	逝世	时尚	实事
r	融入	柔软	冉冉	荣任	忍让	濡染

第一周 平舌音 z、c、s 与翘舌音 zh、ch、sh 不分的问题

第三天

010301：从发音部位的角度谈如何发好平舌音
010302：对平舌音发音部位的质疑与讨论
010303：平舌音发音中的常见问题

在第一天的讲解中，我们提到，学习普通话最基础也是最根本的方法，就是从发音部位着手，改正甚至重塑问题音的发音部位。结合我们上一讲提到的声母发音部位示意图，简单地说，有"平翘舌不分"问题的朋友们，"平舌音翘舌化"的，需要在发平舌音的时候舌的前部向前平伸，与齿龈和齿背发生接触，舌尖不能抬高，触碰到硬腭；"翘舌音平舌化"的，发翘舌音时，要学会将舌尖稍稍翘起，微抬至抵住齿龈后部硬腭前缘。通过对发音部位的修正，可以使我们的语音体系当中不再缺失平舌音或是翘舌音。以上这段描述说起来简单，但是在进入改错的实操阶段时，你会发现困难和问题似乎仍旧很多，那么接下来，在本讲和下一讲当中，我们就再来详细讲解一下，从发音部位的角度，我们如何发好平舌音和翘舌音，本讲我们先来关注平舌音。

一、从发音部位的角度谈如何发好平舌音

平舌音又叫舌尖前音,包括了 z、c、s 三个声母。在现有的经典教科书当中,对平舌音发音部位的描述大致都是"舌尖向前平伸,抵住或者接近上齿背或者下齿背"。也就是说,在 z、c、s 三个声母的发音过程中,需要我们用舌尖前部,也就是整个舌头的最前端,轻轻地抵住或者是接近我们的齿背,形成阻碍。那么关于以上描述,我要特别向大家强调描述中提到的"舌尖平伸向前"的感受,对于平舌音翘舌化,也就是语音系统中缺失了 z、c、s 的朋友来说,构建"舌尖平伸向前"感受的关键,首先需要放松整个舌部肌肉,适当主动放弃舌尖翘起时舌头中后部发力的感觉,将主观意识的集中点前移到舌的前部,反复体会,尝试发音,逐渐建立全新的"舌尖平伸向前"的舌部肌肉记忆。除此之外,在这里还有一点需要说明,就是许多教材对舌尖向前的接触点的描述比较含混,既有"上齿背"也有"下齿背",更多的描述为"上齿背或下齿背",很多学习者会在这个问题上长时间纠结,不知到底如何是好。关于这一点,首先我会在后文中提出一个对经典教科书关于平舌音发音部位描述的质疑;其次,在实际的发音和成阻感受上,每个人确实会存在一些细微的差异,而发音是否正确的标准最终应以听感为准,至于是上齿背还是下齿背,抑或是齿龈的一部分,在舌尖前音的发音中,我认为并不需要对此耗费太多的精力。

接下来对 z、c、s 三个音的具体发音过程进行简要描述。z 这个音,我们在发音的时候舌头要整体放松,舌尖轻轻向前,抵住上齿背或者下齿背,关闭鼻腔通道,声带不振动。由于 z 是一

个清塞擦音,因而发音的时候会包含"塞"与"擦"两个动作——成阻之后会有一个较弱的气流冲开这个阻碍,形成一个缝隙,让气流从这个缝隙中摩擦出声——"塞"之后再"擦",发出这个完整的声母——z。至于 c,它和 z 的差别就是一个"送气",另外一个相对来说气流较弱,我们称之为"不送气"。它们两个都是舌尖前的清塞擦音,既有塞也有擦的动作,但是 c 送气更强,此时大家可以感受一下 z 与 c 的对比音,感受它们在气流强弱方面的差别。在发 c 这个音的时候,我们更应该控制气流,不要使劲太大,防止摩擦声和噪音的出现。最后我们来说说 s。s 又叫作舌尖前清擦音,也就是说在发 s 的时候我们舌尖的最前端,只是接近上齿背或下齿背,而并没有如 z 和 c 一样正在接触或者抵住。在发 s 时舌尖和成阻点之间形成一道间隙,同时软腭上升,关闭鼻腔通道,气流从这个间隙当中摩擦出来,形成 s 这个音。在以上对平舌音三个声母的发音描述中,我超前使用了一些"发音方式"的知识,这些知识和名词我们会在后文中详细讲解。

讲到这里,我相信一定会有一部分学习者提出疑问,表示在自己的平翘舌改错中,使用舌尖与齿背成阻的方式并不能从最终听感上发出正确的平舌音,甚至还会有新的问题音出现。实际上,这样的疑问和思考一直伴随在我的普通话教学实践当中,基于此,我对平舌音经典发音部位的描述提出一点自己的思考,希望与各位讨论。

二、对平舌音发音部位的质疑与讨论

我们在上一节提到,几乎所有的经典教材都把舌尖前音 z、

c、s 的发音部位描写为"舌尖和上齿背,或是舌尖和上齿背或下齿背发生关系发出的音"。例如,在黄伯荣、廖序东主编的《现代汉语》一书中这样描写:"舌尖抵住(指 z 和 c)或接近(指 s)上齿背,阻碍气流","气流从舌尖和上齿背的窄缝中擦出而成声"。不仅仅在《现代汉语》中,在播音主持专业的《新编播音员主持人·语音发声手册》以及《普通话语音与播音发声》等教材当中对这组音的发音描述也是如此。但是如果我们尝试按这样的发音部位描述来重新构建 z、c、s 三个声母,我们实际上发出的是类似于[tθ][tθ′][θ]的音,这样的音从听感上判断几乎就是我们后文要重点讲解的"齿间音"。从这一实践角度出发,我认为把 z、c、s 的发音部位定为"舌尖与齿背"是不够恰切的。

那么这组音正确的发音部位到底应该在哪里呢?想要回答这个问题,我们需要再一次回到经典教材对平舌音发音部位的描述中来。前文提到,很多教材对 z、c、s 发音部位的描述为"舌尖和上齿背或下齿背发生关系发出的音"——请大家仔细思考这句话,如果舌尖与上齿背接触能够发出正确的音,同时与下齿背成阻也能发出正确的音,这里的这个"或者"关系说明了什么呢?我认为这恰恰表明了节制气流的部位实际上与上齿背和下齿背无关,甚至与舌尖的关系都不大。长期以来我们把这组声母的节制点定位为舌尖与齿背,实际上这是值得商榷的。我认为在 z、c、s 的成音过程中上腭节制气流的准确部位应该在上齿龈偏前一点的位置,而与这个部位发生关系的,在发音中起作用的则是舌尖靠后的部分,即舌叶,而此时,舌尖的位置比较自由,这才有了可以接触上齿背或者下齿背的感受。我们可以从发音生理学的角度验证并一起体会一下,发这组音的时候,舌尖抵住下齿背,舌尖后部也就是舌叶会自然隆起,与上齿龈偏前的位置有一个接触,摩擦成声。所以我们得出这样的结论:这组声母的发音部位实际上是"舌叶与上齿龈成阻发出的声音",如图 1-2 所示。

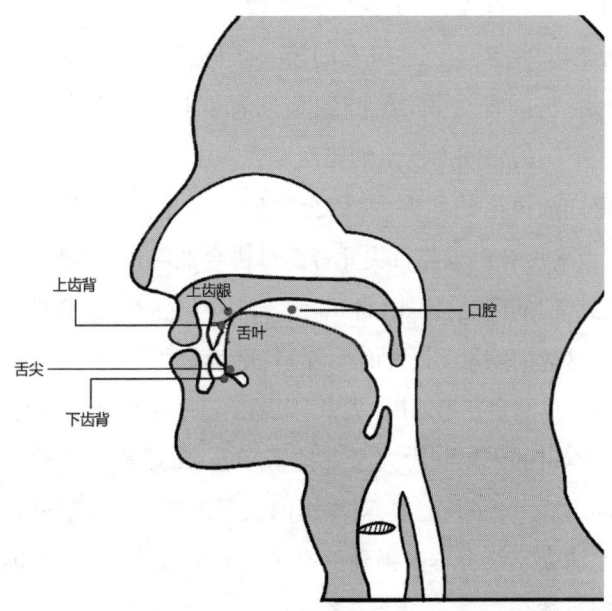

图 1-2　舌尖前音发音位置示意图

实际上,关于平舌音发音部位的讨论早已有之,晋中师范专科学校中文系的王希哲老师于 2003 年第 4 期的《语文研究》杂志发表《舌尖音声母发音部位质疑》一文,提出了类似的疑问。关于此问题,我们欢迎大家参与讨论,找出一套对普通话平舌音学习和改错最有效的方法。

三、平舌音发音中的常见问题

本节内容严格意义来说应该是一个后文知识内容的预告，因为在此提到的平舌音发音中的两个其他常见问题我们都暂不在这里展开。首先，除了我们在本章着重讨论的"平舌音翘舌化"问题以外，z、c、s 这组音的第一个同样十分常见的语音问题，就是"齿间音"。简单来说，齿间音就是由于舌尖不当地放到了上下门齿之间而产生的错误发音。由于齿间音的问题有很多需要详细讨论的地方，我们会在后文中单列一章进行讲解。其次，当平舌音声母与舌尖元音韵母拼合的时候，有些人还会表现出"尖音"的问题，比如"自私[zɿ sɿ]"（国际音标）会被误读成[zisi]（这里的韵母 i 是舌面元音 i），这就是明显的"尖音"问题，这个问题我们会在第四周"尖音"问题的讲解中再来详细展开。

在本讲的末尾我为大家安排了平舌音，或称舌尖前音的双音节词组练习，一共七组，对本组的三个声母 z、c、s 展开针对性练习。请大家结合本讲提到的平舌音正确发音部位，在朗读中认真进行体会。

第三天·练习材料·舌尖前音/平舌音词组练习

Z-Z

最早	总则	栽赃	藏族	宗族	祖宗	曾祖	走卒	罪责
遭罪	做贼	自尊	自责	自在	租子	酱子	卒子	造作
造字	再造	在座	坐姿	做作	脏字	酱酱	醉枣	

第一周　平舌音 z、c、s 与翘舌音 zh、ch、sh 不分的问题

c-c

参差	苍翠	葱翠	草丛	寸草	草草	村村	层层	匆匆
此次	从此	层次	猜测	猜错	措词	粗糙	催促	匆促
仓促	残存	摧残	曹操	彩瓷	葱翠	璀璨	涔涔	

s-s

搜索	松散	送伞	洒扫	缫丝	瑟缩	色素	思索	诉讼
琐碎	素色	嫂嫂	送丧	速算	送死	四散	僧俗	三思
三岁	散碎	锁死	所思	嗖嗖				

z-c、s

总裁	紫菜	杂草	遵从	再次	字词	作词	造词	早操
赞颂	砸碎	子孙	座次	杂碎	葬送	作死	自私	作祟
赠送	自诉	总算	棕色	姿色	走私	杂色	再三	

c-z、s

操纵	刺字	存在	搓澡	错综	操作	参赞	才子	菜子
惨死	蚕丝	词素	次子	词组	辞藻	槽子	沧桑	辞岁
采桑	从速	才思	彩色	厕所	粗俗			

s-z、c

塑造	丧葬	三座	私自	塞责	死罪	四则	酸枣	嗓子
塞擦	色彩	酥脆	所在	色泽	随葬	随从	酸菜	素材
素菜	三藏	宋词						

z 与 c 对比训练

清早——青草	子弟——此地	再版——菜板	插座——差错
在场——菜场	质子——至此	造字——造次	水藻——水草

第四天

010401:从发音部位的角度谈如何发好翘舌音
010402:翘舌音发音中的常见问题

在上一讲当中,我们开始了从发音部位修正或重塑普通话当中某一个或某一类音素的尝试,如果说平舌音的尝试是这个过程中的一个良好开端的话,在本讲中我们将要一起讨论的翘舌音发音部位就显得更加重要。因为我们已经在前文的讨论中有了这样的一个共识,就是"平翘舌不分"问题在全民语音面貌中最为广泛的体现实际上应数"翘舌音平舌化"问题,也就是说,在全国上下13亿人的语音体系中,缺失翘舌音的人口比例远大于发不出平舌音的人口比例。并且,从另外一个角度来讲,现代汉语普通话中翘舌音常用词汇的数量远远多于平舌音词汇。因而,在本讲当中,请继续跟我一起从发音部位的角度尝试发好翘舌音。

一、从发音部位的角度谈如何发好翘舌音

我们对翘舌音或称舌尖后音发音部位的描述大多是这样

第一周 平舌音z、c、s与翘舌音zh、ch、sh不分的问题

的:舌尖与上齿龈后部、硬腭前缘接触(指zh、ch)或接近(指sh),构成阻碍后发出的一种辅音。在正确的舌尖后音发音过程当中,伴随有一个明显的舌尖微微向上翘起的动作,这也是这组音被称为"翘舌音"的由来。那么对于语音系统中缺失了"翘舌音"的学习者来说,如何形成这个看似"很难"的舌尖翘起的动作呢?在这里,我们提供两种有效的参考路径。

第一种,尝试用辅音"r"来感受舌尖的翘起。大家都知道,按照发音部位将21个声母进行分类,在分类后的七组声母中,"舌尖后音"所包含的声母实际上有四个,除了zh、ch、sh之外,还有一个就是r。而在有"翘舌音平舌化"语音问题的人群中,有相当一部分人虽然不能准确地发出zh、ch、sh,但是却能够发出正确的r音。因而,更加具体的方法是,我们可以尝试将r的发音过程进行"拆解",留下并体会r音在成音之前的成阻动作。当我们即将而并未发出r音之前,转而尝试发出目标音zh或ch,通过反复多次的尝试和体会之后,逐步建立起"舌尖翘起"与辅音"zh、ch、sh"的关系。但是在这个过程当中,有几点需要说明:第一,辅音r的成阻部位实际上比zh、ch、sh略靠后,因而需要有意识地在正音中适当前移;第二,在发音方法上,r与zh、ch、sh有明显的不同,r为浊音,发音时候声带震动,而zh、ch、sh均为清音,发音中声带震动不明显,这一点同样需要注意;最后一点,如果普通话学习者有"r-l"不分的问题,即不能准确地发出r音,那么这个方法可能并不适用。

第二种建立"舌尖翘起"感受的方法同样是借鉴普通话中的其他音素,这次我们建议用卷舌音"er"来体会舌尖的翘起。但是需要在一开始特别提示的是,这种方法很容易造成某种程

度的"矫枉过正",因而我们只把这种方法推荐给那些不能正确发出 r 音,不能用 r 音体会舌尖向上感受的学习者。具体来说,当我们在发卷舌音 er 时,舌尖会自然向上并向后卷起,最终与软腭相接,成阻发声。我们可以利用卷舌音在卷舌过程中的这种舌尖向上移动的感受,体会舌部肌肉如何发力,向上微抬。但是一定要特别注意,"翘舌音"绝不等于"卷舌音",翘舌音的成阻部位与卷舌音相比,显得实在是靠前"太多"了。这也是下一节我们谈到翘舌音发音中常见问题时要重点讲解的内容。

在对以上两种方法进行总结的时候,需要强调的是,使用"带音法"进行语音纠正时必须注意两个前提:第一,参考音必须发音准确;第二,参考音的发音部位或发音方法往往与目标音有所区别,必须正确认识并处理好两者之间的差别,防止矫枉过正。

二、翘舌音发音中的常见问题

翘舌音或称舌尖后音发音中最常见的问题是发音偏前,舌位较平,接近于舌面音甚至平舌音的位置,实际上这就是我们在本讲要着重讲解的"翘舌音平舌化"问题。除此之外,在翘舌音的发音中,至少还存在其他两种不当的发音部位。第一种情况是这组声母成阻位置过于靠后,甚至把翘舌音发成卷舌音;第二种情况与唇形有关,有些人习惯在翘舌音发音时嘴唇前噘,主动用力——这两种错误都是我们需要在翘舌音发音过程中尽量避免的。

首先来说说发音位置靠后的问题。"舌尖后音"这种叫法中的"后"字,让很多人误以为 zh、ch、sh 的发音位置非常靠后,

第一周 平舌音z、c、s与翘舌音zh、ch、sh不分的问题

甚至是七组声母中发音位置最靠后的一组。实际上这样的看法错误至极。结合图1-3以及前文的表2,我们发现图中表示"舌尖后音"发音部位(齿龈后部、硬腭前缘)的成阻位置甚至比"舌面音"的成阻位置(硬腭前部)还要靠前,更不用说图中没有显示出来的更加靠后的舌根音声母g、k、h了。可见,"舌尖后音"的"后"只是相对于"舌尖前音"的发音部位而言的,与所有21个声母相比,翘舌音的发音部位绝对称不上"靠后"。

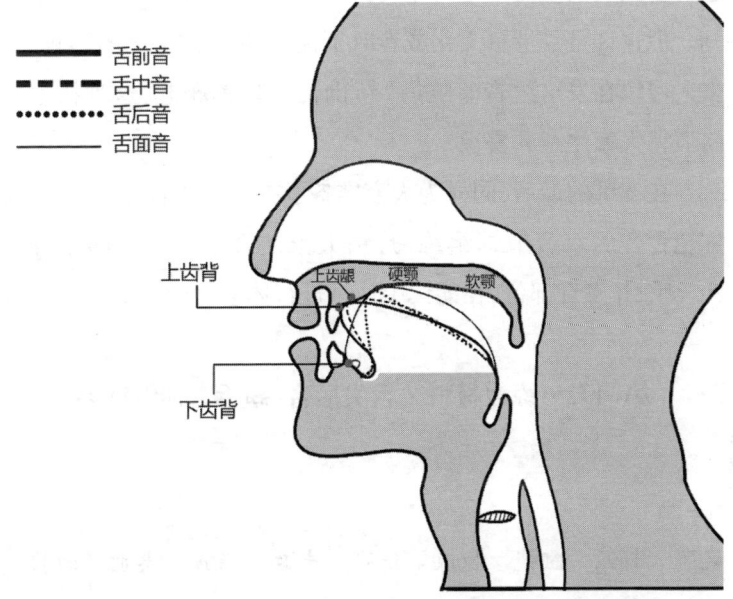

图1-3 舌尖前音、舌尖中音、舌尖后音、舌面音发音位置对比

在我国的方言体系中,北京话习惯于将翘舌音的发音位置向后放,抵住或接近硬腭中后部甚至软腭偏前的部位,实际上这是不对的。因而我们在这里再次强调,在发翘舌音zh、ch、sh

时,只需将舌头前部抵住或接近上齿龈后部、硬腭前缘就可以了,舌头向后移得过多,甚至会与卷舌音相混淆。为了解决这个问题,我们分享一个发音的要诀,就是在 zh 和 ch 这两个塞擦音除阻的时候,努力去寻找一种"舌尖向前"的感受,而不要在除阻的时候保持"向后"的控制力,因为过度"向后"的感觉很容易让我们的舌头卷起,含混不清。

接下来我们简单说说第二种错误的倾向,唇部的前噘。在翘舌音正确的发音过程中,双唇是自然收紧的,不前噘更不外翻。但也许是受港台文化或者时下流行的"萌"文化的影响,很多人习惯在发这组音时嘴唇"帮倒忙",向前噘起,这种错误倾向值得大家注意和警惕。

在本讲的最后,同样为大家准备了有针对性的舌尖后音,或称翘舌音的双音节词组练习,请大家结合本讲提到的正确的 zh、ch、sh 发音部位,在朗读中认真进行体会。

第四天·练习材料·舌尖后音/翘舌音词组练习

第四天 zh-zh

战争	针织	征战	执政	纸张	专政	指正	忠贞	助长
转正	智障	正职	郑州	制止	壮志	住址	珍珠	真挚
斟酌	驻扎	专职	主战	转账	转战	转折	州长	整治
债主	正直	症状	支柱	执照	卓著	指针	蜘蛛	征兆
挣扎	重镇	专著						

第一周 平舌音 z、c、s 与翘舌音 zh、ch、sh 不分的问题

ch-ch

插翅	拆除	铲除	长春	查处	长处	超常	产出	长城
成虫	惩处	驰骋	赤诚	充斥	成串	初查	出差	抽查
串场	初春	臭虫	橱窗	出厂	车床	出丑	撑船	除尘
戳穿	穿插	冲茶	查车	传唱	馋虫	传承	乘船	吃穿
春潮	春茶	长虫						

sh-sh

杀伤	闪烁	膳食	伤势	赏识	上身	烧伤	史实	硕士
少数	闪失	书社	省市	水手	设施	射手	深山	伸手
身世	声势	生疏	省时	时蔬	事实	实施	施舍	时事
沙石	收拾	誓师	烧水	手势	善事	省属	手术	受伤
舒适	少帅	上市						

zh-ch

战场	章程	侦察	正常	展出	涨潮	榨出	真诚	主场
照常	征程	争吵	专程	支持	职称	咫尺	痔疮	转乘
装船	智齿	忠臣	忠诚	终场	重创	主持	著称	专长
职场	撞车	追查	中场	中超	争宠	主唱	转呈	砖茶
主创	摘除	中传						

zh-sh

招收	招生	肇事	注射	装饰	展示	专售	珍视	招商
重伤	主食	注释	知识	只是	正式	真实	至少	战士
扎实	忠实	准时	直属	中式	朱砂	中山	准绳	

ch-zh

产值	长征	超重	称重	沉着	称职	冲撞	初中	垂直
船只	创制	成长	纯正					

ch-sh

插手　茶水　厂史　常胜　陈设　陈述　抽水　城市　成熟
唇舌　承受　纯属　抄收

sh-zh

手指　上涨　师长　慎重　省长　设置　时政　试制　石柱
梳妆　舒展　甚至　述职

sh-ch

沙场　纱窗　刹车　射程　深长　深仇　申斥　收成　失常
时差　市场　上传　删除　山茶　山城　奢侈　商船　上乘
书橱　审查　生产　牲畜　时辰　视察　擅长　试穿

zh-ch 对比词组练习

扎针——插针　忠实——充实　农庄——脓疮　重压——冲压
扎手——插手　编织——鞭笞　展出——产出　张狂——猖狂
朝露——抄录　眼珠——演出　阵势——趁势　支柱——吃住
织锦——吃紧　休止——羞耻　知情——痴情　直到——迟到
只有——持有　治水——赤水　至诚——赤诚　蜘蛛——支出
中锋——冲锋　中伏——冲服　忠诚——冲程　岂止——启齿
市长——市场　助长——处长　专一——穿衣　壮丽——创立
脚趾——角尺　追溯——吹塑　招集——超级　直至——迟滞
珠海——出海　乡镇——相称　伫立——畜力

sh-r 对比词组练习

射程——热诚　事迹——日记　神志——人质　热食——如实
视差——日差　署名——乳名　美式——每日　漱口——入口
世纪——日记　硕士——弱视

第一周 平舌音 z、c、s 与翘舌音 zh、ch、sh 不分的问题

第五天

010501：利用形声字的"声旁"进行区分
010502：利用声韵拼合关系"记少不记多"地进行区分
010503：使用书面标记法进行平翘舌的区分

在"平翘舌不分"问题讲解的最后一讲，我们来关注这样的一种语音现象，就是，有些普通话学习者他们先天的，或者通过纠音与改错，可以较为准确地发出平舌音声母，同时也可以发出翘舌音声母，也就是说，他们的语音系统里并不缺失平翘舌音素中的任何一种，不必再从发音部位的角度出发，重塑某一类型的发音了。但是即便如此，他们发现，自己仍然不能在日常的阅读当中准确地读准平翘舌音，不能在即时的交流中准确表达平翘舌音。究其原因，大概两点：第一，仍然为方言所影响——虽然方言并不缺失平翘舌音素，但是原生方言对某些字词的字音选择与普通话是不同的，比如同样的一个人可能会把"包扎(zhā)"读成"包扎(zā)"、把"睡(shuì)觉"读成"睡(suì)觉"（翘舌音平舌化），但是同时也会把"星期三(sān)"读成"星期三(shān)"、把"四十(sìshí)"读成(shìshí)（平舌音翘舌化）。

第二,改错过程中出现的"过程错误"——我曾见过不少南方的普通话学习者,为了"更好地"发好翘舌音,为了让自己少犯错,导致在一段时间里,很多本可以读对的平舌音也错误地读成了翘舌音,出现了较为复杂的平翘舌音混淆问题。针对以上语音现象,在本讲当中,我们提供一些能够指导大家区分平翘舌音的简单方法。

一、利用形声字的"声旁"进行区分

所谓"形声字",是指一些汉字是由两个文字复合组成的,它由表示意义范畴的"形旁"和表示声音类别的"声旁"组合而成,也就是说,形声字的声旁在造字之初的意义就是表声的,虽然随着语言的变化一些声旁已经不表声,但是大部分时候我们还是能从中对字音把握一二,利用声旁进行类推,我们就可以记住一个系列的字词的正确发音。比如以"朱红"的"朱"字(zhū)为基础,原本错误地把这个字读作"zū"的朋友,你只要记住,这个字读 zhū,舌尖翘起来的翘舌音 zhū,那么由这个字延伸的形声字,比如"珍珠"的"珠"、"蜘蛛"的"蛛"、"诛灭"的"诛",遇到这一系列"zhū"字,你就能够以"朱"为线索,全部把读音改成翘舌音了——通过形声字的声旁,通过记住一个字的读音,记住一系列字词的正确读音,最终通过积累解决平翘舌音在认知方面难以区分的问题。由此类推,以"中、争、正、主、生、长、章、者、史、申、只、式、士、寿、受、止、周、卓、直、占、垂、朱、如、至、少、丈、专、成"等汉字作声旁的字,绝大多数是翘舌音;以"宗、才、卒、叟、采、尊、兹、司、曹、仓、匜、子、曾"等汉字作声旁的字,绝大多数是平舌音。

第一周　平舌音 z、c、s 与翘舌音 zh、ch、sh 不分的问题

二、利用声韵拼合关系"记少不记多"地进行区分

我们先来解释一下什么叫作利用声韵母的拼合关系来区分平翘舌音。我们知道,汉语普通话的声母一共有 21 个,韵母一共有 39 个,如果声韵母均可以两两随意搭配,那么可以排列组合出的音节数量会是一个惊人的数字,但是,普通话常用基本无调音节只有 400 个,不包括轻声的有调音节只有 1300 多个,这说明有些声韵母是不能进行拼合的,或者只能拼合出方言音,而不能拼合出普通话发音。明白了这个规律,我们一起来看表 1-2。

表 1-2　平翘舌声母与韵母拼合关系表

zh-z 与韵母拼合关系表		
	zh	z
a	ā 扎(驻~)、渣 á 闸、铡、扎(挣~)、札(信~) ǎ 眨 à 乍、炸、蚱、栅	ā 扎(包~)、匝 á 杂、砸
e	ē 遮 é 折、哲、辙 ě 者 è 蔗、浙、这	é 泽、择、责、则
u	ū 朱、珠、蛛、株、诸、猪 ú 竹、烛、逐 ǔ 主、煮、嘱 ù 注、蛀、住、柱、驻、贮、祝、铸、筑、箸	ū 租 ú 族、足、卒 ǔ 组、阻、祖

续表

zh-z 与韵母拼合关系表	
-i 舌尖	-ī(后)之、芝、支、枝、肢、知、蜘、汁、只、织、脂 -í(后)直、植、殖、值、执、职 -ǐ(后)止、址、趾、旨、指、纸、只 -ì(后)至、窒、致、志、治、质、帜、挚、掷、秩、置、滞、制、智、稚、痔	-ī(前)兹、滋、孳、姿、咨、资、孜、龇、淄、辎 -ǐ(前)子、仔、籽、梓、滓、紫 -ì(前)字、自、恣、渍
ai	āi 摘、斋 ái 宅 ǎi 窄 ài 寨、债	āi 灾、哉、栽 ǎi 宰、载 ài 再、在、载(~重)
ei		éi 贼
ao	āo 昭、招、朝 áo 着 ǎo 找、爪、沼 ào 照、召、赵、兆、罩	āo 遭、糟 áo 凿 ǎo 早、枣、澡 ào 造、皂、灶、躁、燥
ou	ōu 州、洲、舟、周、粥 óu 轴 ǒu 帚、肘 òu 宙、昼、咒、骤、皱	ōu 邹 ǒu 走 òu 奏、揍
ua	uā 抓	
uo	uō 桌、捉、拙、卓 uó 着、酌、灼、浊、镯、啄、琢	uō 作(~坊) uó 昨、凿(确~) uǒ 左 uò 坐、座、作、柞、祚、做
ui	uī 追、锥 uì 缀、赘、坠	uǐ 嘴 uì 最、罪、醉
an	ān 沾、毡、粘 ǎn 盏、展、斩 àn 占、战、站、栈、绽、蘸	ān 簪 án 咱 ǎn 攒 àn 赞、暂

第一周 平舌音 z、c、s 与翘舌音 zh、ch、sh 不分的问题

续表

\multicolumn{3}{c}{zh-z 与韵母拼合关系表}
en	ēn 贞、侦、祯、桢、真 ěn 疹、诊、枕、缜 èn 振、震、阵、镇	ěn 怎
ang	āng 张、章、樟、彰 ǎng 长、掌、涨 àng 丈、仗、杖、帐、涨、瘴、障	āng 赃、脏(肮~) àng 葬、藏、脏
eng	ēng 正(~月)、征、争、睁、挣 ěng 整、拯 èng 正、政、症、证、郑、帧	ēng 曾、僧、增、缯 èng 赠
ong	ōng 中、盅、忠、钟、衷、终 ǒng 肿、种(~子) òng 中(打~)、种(~植)、仲、重、众	ōng 宗、踪、棕、综、鬃 ǒng 总 òng 纵、粽
uan	uān 专、砖 uǎn 转 uàn 传、转(~动)、撰、篆、赚	uān 钻 uǎn 纂 uàn 钻(~石)
un	ǔn 准	ūn 尊、遵
uang	uāng 庄、桩、装、妆 uàng 壮、状、撞	
\multicolumn{3}{c}{ch-c 与韵母拼合关系表}
	ch	c
a	ā 叉、杈、插、差(~别) á 茶、搽、查、察 ǎ 衩 à 岔、诧、差(~错)	ā 擦、嚓
e	ē 车 ě 扯 è 彻、撤、掣	è 册、策、厕、侧、测、恻

续表

ch-c与韵母拼合关系表		
u	ū 出、初 ú 除、厨、橱、锄、蹰、刍、雏 ǔ 楚、础、杵、储、处(~分) ù 畜、触、矗、处	ū 粗 ù 卒(仓~)、猝、促、醋、簇
-i (舌尖)	-ī(后)吃、痴、嗤 -í(后)池、弛、迟、持、匙 -ǐ(后)尺、齿、耻、侈、豉 -ì(后)斥、炽、翅、赤、叱	-ī(前)疵、差(参~) -í(前)雌、辞、词、祠、瓷、慈、磁 -ǐ(前)此 -ì(前)次、伺、刺、赐
ai	āi 差、拆、钗 ái 柴、豺	āi 猜 ái 才、财、材、裁 ǎi 采、彩、踩 ài 菜、蔡
ao	āo 抄、钞、超 áo 朝、潮、嘲、巢 ǎo 吵、炒	āo 操、糙 áo 曹、漕、嘈、槽 ǎo 草
ou	ōu 抽 óu 仇、筹、畴、踌、绸、稠、酬、愁 ǒu 瞅、丑 òu 臭	òu 凑
uo	uō 踔、龊 uò 绰(~号)、辍、啜	uō 搓、蹉、撮 uò 措、错、挫、锉
uai	uǎi 揣 uài 踹	
ui	uī 吹、炊 uí 垂、锤、捶、槌	uī 崔、催、摧 uì 萃、悴、淬、翠、粹、瘁、脆
an	ān 搀、掺 án 蝉、禅、潺、澶、缠、蟾 ǎn 铲、产、闸 àn 忏、颤	ān 餐、参 án 蚕、残、惭 ǎn 惨 àn 灿

第一周 平舌音 z、c、s 与翘舌音 zh、ch、sh 不分的问题

续表

ch-c 与韵母拼合关系表		
en	ēn 琛、嗔 én 辰、晨、宸、沉、忱、陈、橙、臣 èn 趁、衬、称(相~)	ēn 参(~差) én 岑
ang	āng 猖、娼、伥 áng 常、嫦、尝、偿、场、肠、长 ǎng 厂、场、敞、氅 àng 倡、唱、畅、怅	āng 仓、苍、舱、沧 áng 藏
eng	ēng 撑 éng 成、诚、城、盛(~水)、呈、和、承、乘、澄、惩 ěng 逞、骋 èng 秤	éng 曾、层 èng 蹭
ong	ōng 充、冲、舂 óng 重、虫、崇 ǒng 宠 òng 冲(~压)	ōng 匆、葱、囱、聪 óng 从、丛、淙
uan	uān 川、穿 uán 船、传、椽 uǎn 喘 uàn 串、钏	uān 蹿 uàn 窜、篡
un	ūn 春、椿 ún 唇、纯、淳、醇 ǔn 蠢	ūn 村 ún 存 ǔn 忖 ùn 寸
uang	uāng 窗、疮、创(~伤) uáng 床 uàng 闯 uàng 创(~造)	

续表

sh-s 与韵母拼合关系表		
	sh	s
a	ā 沙、纱、砂、痧、杀、杉 ǎ 傻 à 煞、厦(大~)	ā 撒(~泼) ǎ 洒、撒(~种) à 卅、萨、飒
e	ē 奢、赊 é 舌、蛇 ě 舍(~弃) è 社、舍、射、麝、设、摄、涉、赦	è 塞(~责)、瑟、啬、穑(稼~)、色(~彩)、涩
u	ū 书、梳、疏、蔬、舒、殊、叔、淑、输、抒、纾、枢 ú 孰、塾、赎 ǔ 暑、署、薯、曙、鼠、数、属、黍 ù 树、竖、术、述、束、漱、恕、数	ū 苏、酥 ú 俗 ù 素、塑、诉、肃、粟、宿、速
-i (舌尖)	-ī(后)尸、师、狮、失、施、诗、湿、虱 -í(后)十、什、拾、石、时、识、实、食、蚀 -ǐ(后)史、使、驶、始、屎、矢 -ì(后)世、势、誓、逝、市、示、事、是、视、室、适、饰、士、氏、恃、式、试、拭、轼、弑	-ī(前)司、私、思、斯、丝、鸶 -ǐ(前)死 -ì(前)四、肆、似、寺
ai	āi 筛 ài 晒	āi 腮、鳃、塞 ài 塞(要~)、赛
ei	éi 谁	
ao	āo 稍、艄、烧 áo 勺、芍、杓、韶 ǎo 少(多~) ào 少(~年)、哨、绍、邵	āo 臊、骚、搔 ǎo 扫(~除)、嫂 ào 扫(~帚)、臊(害~)

第一周 平舌音 z、c、s 与翘舌音 zh、ch、sh 不分的问题

续表

sh-s 与韵母拼合关系表		
ou	ōu 收 óu 熟 ǒu 手、首、守 òu 受、授、寿、售、兽、瘦	ōu 馊、嗖、飕、搜、艘、锼 ǒu 叟、擞 òu 嗽
ua	uā 刷 uǎ 耍	
uo	uō 说 uò 硕、烁、朔	uō 缩、娑、蓑、梭、唆 uǒ 所、锁、琐、索
uai	uāi 衰 uǎi 甩 uài 帅、率、蟀	
ui	uí 谁 uǐ 水 uì 税、睡	uī 虽、尿 uí 绥、隋、随 uǐ 髓 uì 岁、碎、穗、隧、燧、遂
an	ān 山、舢、删、衫、珊、姗、栅、跚 ǎn 闪、陕 àn 扇、善、膳、缮、擅、赡	ān 三、叁 ǎn 伞、散(~文) àn 散
en	ēn 伸、呻、身、深、参(人~) én 神 èn 沈、审、婶 èn 慎、肾、甚、渗	ēn 森
ang	āng 商、墒、伤 ǎng 响、晌、赏 àng 上、尚	āng 桑、丧(~事) ǎng 嗓 àng 丧
eng	ēng 生、牲、笙、甥、升、声 éng 绳 ěng 省 èng 圣、胜、盛、剩	ēng 僧

续表

sh-s 与韵母拼合关系表		
ong		ōng 松 ǒng 悚 òng 送、宋、颂、诵
uan	uān 拴、栓 uàn 涮	uān 酸 uàn 算、蒜
un	ùn 顺	ūn 孙 ǔn 笋、损
uang	uāng 双、霜 uǎng 爽	

通过对表1-2的学习,我们可以发现,有些韵母天然地不与平舌音声母或翘舌音声母拼合,或者有的拼合关系下只对应一两个汉字。那么根据这个规律,我们就可以"记少不记多"地对平翘舌音进行区分和积累了。比如通过观察,我们发现平舌音声母z、c、s不与合口呼韵母中的ua、uai、uang相拼合,所以可以断定"庄、揣、创"等字一定是翘舌音。再看声母是"记少不记多",比如ca这个音节只对应"擦、嚓"两个常用汉字,而cha音节下却有"叉、茶、诧"等多个汉字;zen音节下只有"怎"一个常用汉字,而zhen音节却有"真、枕、镇"等多个汉字;音节sen下也只有一个汉字"森",而shen音节下却有"身、神、审、甚"等诸多常用汉字——通过这样的方式,我们便可以有效地缩小平翘舌声母的应用区间,有时只需留心记住一两个字词就可以有效地改善平翘舌音在认知和判断上的混淆了。

第一周 平舌音 z、c、s 与翘舌音 zh、ch、sh 不分的问题

三、使用书面标记法进行平翘舌的区分

本章的最后,我们回归到一个解决问题最原始但却是很实用的层面和角度。假设通过学习,你已经可以找到缺失的平舌音或是翘舌音的发音部位,已经可以发出正确的平翘舌音,但是在没有拼音的辅助下,在阅读中仍然屡有错误,那么首先我们要认识到,普通话的学习不是一蹴而就的,任何一个十几年甚至几十年形成的语音问题,不可能在一天之内的几个小时就神奇地消失;其次,我们来介绍一种叫作"书面标记法"的小方法,帮助大家在阅读中通过积累提高自己发平翘舌音的正确率。

其实说起来很简单,在朗读一段内容之前,假设你拿不准哪些是翘舌音,那么你可以先把稿件当中的翘舌音打上简单易懂的标记,比如用一个向上的箭头"↑"来提示自己有意识地将舌尖翘起,去找寻硬腭前部这个位置,巩固多遍,积累翘舌音常见词汇;不会发平舌音 z、c、s 也一样,可以通过备稿在文稿中把所有平舌音,用平放的箭头"→"标出,提示自己舌尖前伸的感受,日积月累、假以时日,平翘舌不分的问题自然能够迎刃而解。

第五天·练习材料·平翘舌综合练习

第五天

平翘舌词组交错对比练习

z—zh

咋——闸　则——哲　资——知　宰——窄　造——照
走——肘　暂——战　怎——枕　脏——章　增——征

足——竹　昨——卓

z——zh　在职　杂志　栽种　增长　自重　宗旨

zh——z　渣滓　张嘴　种族　长子　沼泽　振作

自力——智力　栽花——摘花　短暂——短站　暂时——战时

阻力——主力　大字——大志　造就——照旧　资源——支援

姿势——知识　钻营——专营　赠品——正品　赞歌——战歌

增光——争光　宗旨——终止　自愿——志愿

c-ch

擦——插　测——撤　词——池　才——柴　草——炒

凑——臭　惨——产　仓——昌　粗——出　错——辍

崔——吹　篡——串　村——春　聪——冲

c——ch　财产　草场　猜出　采茶　彩绸　餐车

ch——c　车次　场次　蠢才　纯粹　差错　陈词

擦手——插手　粗布——初步　鱼刺——鱼翅　小草——小炒

推辞——推迟　村庄——春装　深藏——身长　惨淡——产蛋

木材——木柴　曾经——成精　祠堂——池塘　擦车——叉车

乱草——乱吵　粗纺——出访　不曾——不成

s-sh

洒——傻　色——社　四——事　扫——少　搜——收

三——山　桑——商　僧——声　森——深　缩——说

碎——睡　酸——栓　损——吮　赛——晒

sh——s　哨所　山色　深思　神速　上诉　深邃

s——sh　三十　丧生　扫射　私塾　四十　四声

四十——事实　散光——闪光　三哥——山歌　塞子——筛子

私人——诗人　撕纸——湿纸　三角——山脚　搜集——收集

第一周　平舌音 z、c、s 与翘舌音 zh、ch、sh 不分的问题

司长——师长　死记——史记　酥油——输油　苏绣——舒袖
碎石——睡实　丝织——失职

平翘舌绕口令练习

1. 知道就说知道，不知道就说不知道。不要知道的说不知道，也不要不知道说知道，要老老实实，实事求是。

2. 四是四，十是十，十四是十四，四十是四十，十不能说成四，四也不能说成十，假使说错了，就可能误事。

3. 三哥三嫂子，借给我三斗三升酸枣子，等我上山摘了三升三斗酸枣子，再奉还三哥三嫂子的三斗三升酸枣子。

4. 石狮寺前有四十四只石狮子，寺前树上结了四十四个涩柿子，四十四只石狮子，不吃四十四个涩柿子，四十四个涩柿子，更不吃四十四个石狮子。

5. 四十四个字和词，组成一首子、词、丝的绕口词，桃子、李子、梨子、栗子、橘子、柿子、槟子、榛子，栽满院子、村子和寨子。名词、动词、数词、量词、代词、副词、助词、连词，组成语词、诗词和唱词，蚕丝、生丝、熟丝、缫丝、染丝、晒丝、纺丝、织丝、自制粗丝、细丝、人造丝。

6. 陈庄程庄都有城，陈庄城通程庄城。陈庄城和程庄城，两庄城墙都有门。陈庄城进程庄人，陈庄人进程庄城。请问陈程两庄城，两庄城门都进人，哪个城进陈庄人，程庄人进哪个城？

第二周　舌尖前音 z、c、s 的齿间化问题

第二周学习内容

020601：什么是舌尖前音"齿间化"的问题

020602：齿间音的"泛化"现象

020701：齿间音问题形成的原因

020702：英语学习对于"齿间音"问题的影响

020801：三招制胜齿间音问题

020802：小单元绕口令练习的目的与注意事项

020901：口部操的概念及练习目的

020902：口部操之舌部练习——刮、弹、咬、贴

021001：口部操训练的两个要求

021002：口部操之舌部练习——顶、绕、立、伸

第二周 舌尖前音 z、c、s 的齿间化问题

第六天

020601 什么是舌尖前音"齿间化"的问题
020602 齿间音的"泛化"现象

我们在上一周讲解"平翘舌不分"问题的时候提到,平舌音或称舌尖前音在发音中除了容易出现"平舌音翘舌化"的问题之外,还有一个常见的语音问题就是舌尖前音的"齿间化"。那么,z、c、s"齿间化"的问题有哪些表现,它的成因是什么,我们改正这个问题的方法又有哪些呢,在接下来的讲解中我们进行具体讨论。

一、什么是舌尖前音"齿间化"的问题

舌尖前音齿间化,就是舌尖前音 z、c、s 发音时由于舌尖不当地放到了上下门齿之间而产生的一种错误发音(以下称为"齿间音问题")。"齿间音"问题广泛存在于大众的语音体系当中,甚至在被誉为"普通话之乡"的河北滦平,普通老百姓也有齿间音的问题,如"赞[tθàn]""参[tθ'ān]""三[θān]"中的[tθ][tθ'][θ]就是典型的齿间音。齿间音问题还呈现出一种

非方言主导的非地域性特点,在成因方面具有明显的后天性,其中的一个原因或许与英语中齿间音使用较多不无关系,如thanks[θæŋks](感谢)、three[θri:](三个)、this[ðɪs](这个)中的[θ][ð]就是齿间音。

另外还有一点需要提醒大家注意,很多学习者会将"齿间音"问题和"尖音"问题混淆,而事实上,两者是有很大差别的,也容易区分。我们单看这两个"jiān"字,齿间音的"间"是"中间"的"间",这里的"间"指的是上下门齿之间,强调的是舌尖的错误接触位置,而并非强调完成动作的主体是"舌尖"。在后文我们也会再次讲到"尖音"的问题,那时,强调的对象变成了成阻点是"舌面"还是"舌尖"的区别,因而用"舌尖"的"尖"字对"尖音"问题进行命名。一句话,"齿间音"是发生在舌尖前音声母z、c、s上的问题,而"尖音"是舌面音j、q、x的一种错误发音类型,请大家注意区分。

二、齿间音的"泛化"现象

从上文对于"齿间音"的描述——"齿间音是舌尖前音z、c、s发音时由于舌尖不当地放到了上下门齿之间而产生的一种错误发音"——来看,只有当舌尖放到"两齿之间"的时候才会发出这种错误的发音。但是从实际情况来看,判定一种错误发音是否可以被归为"齿间音",可能比上文的描述显得更加的"泛化"。换句话说,有的时候,舌尖并没有放到两齿之间,但是也会发出类似"齿间音"的错误发音。这可能是由于舌前部的成阻部位过大,在舌尖抵住下齿背之后,舌面前部也就是舌叶与上齿龈接触面积过大;也可能是舌尖与上齿背简单接触,面积相对

第二周 舌尖前音 z、c、s 的齿间化问题

较大而且接触过紧——用这样的方式发出的声音同样会被认定为"齿间音"。

我们在这里谈齿间音"泛化"的问题，就是希望为一些学习者解惑。很多人在齿间音改错的过程中表示，自己的舌尖在发音时并没有放在齿间，但是自己仍然不能将这组音发准确，甚至因此而灰心丧气。实际上大可不必如此，这可能就是由于你在发这组音的时候成阻面积过大了，或者接触太紧导致的。总之，如果把"齿间音"单单理解成舌尖前伸至两齿之间发出的音，那么这样的看法实际上是显得有些笼统和局限的。

第六天·练习材料·平舌音小单元字词练习

第一天

z

单音节：杂 怎 糟 在 增 总 泽 左

双音节：总则 自尊 在座 自责 孜孜 栽赃

四音节：自得其乐 再接再厉 责无旁贷 纵横交错

c

单音节：菜 粗 藏 翠 窜 参 曹 赐

双音节：层次 从此 粗糙 摧残 猜测 葱葱

四音节：沧海桑田 草草了事 寸步难行 草木皆兵

s

单音节：洒 随 酸 司 素 桑 索 艘

双音节：速算 思索 色素 撕碎 酥松 飒飒

四音节：司空见惯 丝丝入扣 四面楚歌 随机应变

第七天

010201:020701 齿间音问题形成的原因
020702 英语学习对于"齿间音"问题的影响

我们在前文提到,平翘舌不分问题产生的原因主要是方言导致的,它表现出地域性和先天生理性的特点,而齿间音问题的成因却与之不尽相同,表现出强烈的非地域性和后天社会性。

一、齿间音问题形成的原因

首先需要认识到的是,齿间音问题的形成主要还是方言导致的,比如说山东师范大学的姜燕老师在《胶南方言齿间音代际差异调查》一文中提到的"胶南方言",以及广西师范学院的王文洁同学在其硕士论文《河北邱县方言语音研究》中提到的河北邯郸邱县方言,都有明显的齿间音问题。但是,在方言导致语音问题这一常见成因之外,有越来越多方言中不包含齿间音色彩的人也表现出了齿间音的语音问题,这类人群的出现不分地域,年龄跨度也相对较大,可以说,齿间音问题表现出越来越显著的后天性和社会性。究其原因,首先与社会对于齿间音问题的认识与重视程度不够有关,有些人不认为齿间音是一个较为严重的语音问题。举例来说,河北省作为普通话基础较优的省份,人们对于普通话规范程度的要求也相对较高,可是在河北广播电台播放的广播广告中,时常能够听到播音员或广告配音员使用严重的齿间音来播发广告中的电话号码,电话号码里包含的数字3和4简直就是齿间音问题典型的反面案例。试想,即使在传统媒体影响力大不如前的当下,广播电台播放的内容仍然会被大多受众当作权威和示范,人们会逐渐熟悉并认同问题音,进而进行模仿。其次,还有一个不容忽视的社会现象,如今全球化已经是大家非常熟悉的字眼,文化的全球化同样如火如荼,全球语言的相互影响也逐渐显现。现在很多家庭选择让孩子尽可能早地学习一门外语,甚至有条件的家长还会直接将孩子置于一个双语环境中成长。这固然是一个好现象,但是,美中不足的是,国际语言特别是英语的学习,或许会使学习者的普通话语音体系中产生齿间音的色彩,这一点也许同样应该引起我们的注意。

二、英语学习对于"齿间音"问题的影响

我们知道,最典型的齿间音问题是由于发音时候将舌尖不当地放到了上下门齿之间而产生的,有的时候舌尖接触上门齿齿背也会发出类似齿间音的声音。在学者吉姆森(Gimson)的著作 *An Introduction to the Pronounciation of English*(《英文发音介绍》)一书中,他说:"英语中[θ]和[ð]的发音要领是:舌尖轻触上门齿的齿端和齿背,气流从舌前部与上齿之间流出造成摩擦。有些人发音时舌尖在上下齿之间。"从吉姆森的描述

中我们发现,英语中的[θ]和[ð]的发音部位与普通话中齿间音的发音位置是非常相似的,所以从某种角度来讲,英语中是包含了齿间音的,想要学好英语,发出地道的英语发音,就必须学会齿间音的发音。而在英语的发音当中,齿间音的应用是很常见的,几乎所有的 th 都读[θ]或[ð],比如我们最常说的 thanks[θæŋks](感谢),还有像 three[θri:](三个)、think[θɪŋk](思考),这些词语正确的发音都应该是舌尖齿间化的。

当然我们这里不是英语课,就不再深究英语的正确发音了,但是英语以及其他外语与普通话的发音差别还是需要广大学习者特别注意的。尤其是处于语言敏感期的儿童,在学习过程中,要多观察母语和英语在发音上的不同,有些音并不是在英语和汉语中都同时存在的。在英语中,齿间音[θ]和[ð]是常见音,要坚持这么读,但是在汉语中齿间音却是问题音,一旦出现齿间音色彩,要及时并主动地进行纠正。

在本讲的最后,我们提供了一些拼写中含有"th",需要使用齿间音播读的简单英文词汇,以及一些不能出现齿间音的普通话常用舌尖前音双音节。虽然我们把它们两两一组进行呈现,但是这样排列的目的只是希望大家在播读练习中能够交错读出"齿间音—非齿间音"词语,而每对词语的意义并不一定一一对应,这一点请大家注意。

第七天·练习材料·英语齿间音单词与舌尖前音词语交错练习

英文词汇(使用齿间音)	普通话词汇(齿间音是错误音)
three [θriː]	三色(sānsè)
thirteen [θɜːˈtiːn]	森松(sēnsōng)
thin [θɪn]	思索(sīsuǒ)
thousand [ˈθaʊz(ə)nd]	嫂嫂(sǎosao)
theatre [ˈθiətə]	四组(sìzǔ)
Thursday [ˈθɜːzdeɪ]	色素(sèsù)
thunder [ˈθʌndə(r)]	三餐(sāncān)
think [θɪŋk]	笋丝(sǔnsī)
thing [θɪŋ]	私藏(sīcáng)
thanks [θæŋks]	松散(sōngsǎn)

第八天

020801:三招制胜齿间音问题:接触准确、一碰就走、前音后发
020802:小单元绕口令练习的目的与注意事项

前两讲我们介绍了齿间音的概念、具体表现及形成原因,在本讲当中,我们为大家介绍改正齿间音问题的三种基本方法——接触准确、一碰就走、前音后发——我们尝试从发音部位、发音方法以及发声位置的角度,改正齿间音问题。

一、三招制胜齿间音问题:接触准确、一碰就走、前音后发

1.接触准确——从"发音部位"角度改正齿间音问题

从"发音部位"角度改正语音问题是最基础但却是最有效、最彻底的方法,这个观点我们已经多次谈到过,齿间音问题的改正同样不例外。我们在上一章详述了舌尖前音,或称平舌音的发音部位——舌尖前音z、c、s是舌尖抵住下齿背,舌尖后部也就是舌叶自然隆起,抵住或接近上齿龈偏前的位

第二周 舌尖前音 z、c、s 的齿间化问题

置发出的一组辅音(发音部位图示可见前文图 1-2)。想要改正齿间音的问题,第一步应该先审视一下自己错误的发音位置,是较为典型的舌尖前伸到了两齿之间,还是舌尖错误地抵住或接近了上齿背,抑或是自己在发音时候成阻面积过大、接触力度过紧了。正确认识自己的问题永远是改正问题的第一步。接下来,在观照自身问题的基础上,再来努力寻找正确发音位置与自己习惯的发音位置方面的不同,反复对比体会,循序渐进地进行练习,最终以摸索和建立正确发音位置为目标,彻底改正齿间音的问题。

2. 一碰就走——从"发音方法"角度改正齿间音问题

有些普通话学习者在齿间音问题的改错过程中,认为自己的发音部位并不存在问题,可是发音时仍然保留有齿间音的色彩,而且这其中的很多人往往觉得发声母 z、c 时候的齿间音色彩比 s 更严重。如果你也有这样的感受和困惑,你不妨从"发音方法"的角度尝试改正自己的问题。

辅音 s 与 z、c 相比最大的不同就是,从发音方法角度分类,它是一个擦音而非塞擦音,也就是发音时舌叶与上齿龈前部并不真正接触,而只是无限接近却留有一条缝隙。基于此,当你为自己的齿间音问题做自我语音诊断的时候,如果发现 s 音能够基本排除齿间音色彩,而 z 和 c 却仍然存在齿间音顽疾,那么很有可能是由于你的"发音方法"使用不当,成阻时接触面积过大或接触过紧了。为了解决舌尖前音发音时接触过多、抵得太紧而产生齿间音的问题,学习者需要做到"一碰就走",也就是舌叶一接触成阻点就立即离开,减少接触时长和接触面积,通过这

样的方法,这组音就能够发得清晰准确,并且能够减少噪音和摩擦色彩。

3.前音后发——从"发声位置"角度改正齿间音问题

此前接触过播音发声知识的学习者都应该听说过诸如"前音后发、后音前发"这样的说法,这里提到的"前、后"指的就是"发声位置"。"发声位置"与"发音部位"不同,我们先前多次讨论的"发音部位"在语音学上指的是辅音发音时,口腔或者咽腔中受到阻碍的位置,而"发声位置"指的是某一个音节或者整段有声表达在发声主体口腔中的着力点或共鸣点,发声位置往往有"前、央、后"的区别。播音发声知识中提到的"前音后发"或"后音前发"是指对于某些特殊发声位置的声韵音节,可以通过发音位置反方向的主观调节,使发声位置不至极端化,同时也可以使发音更准确,起到为问题音纠音的作用,例如通过舌尖前音的"前音后发"就可以实现对齿间音问题的纠正。我们知道,舌尖前音z、c、s是所有21个声母中发音部位最靠前的,相对的,z、c、s作为声母的音节往往在发声位置上也比较靠前,有些人产生齿间音问题的原因就是因为太过追求发音的靠前,致使舌尖前伸太多而出现问题音。因此,改错者可以相应地"前音往后发",在发这组音的时候,舌位有意识地稍稍向后收,同时从心理层面向后调节发声位置,通过这样的方式也可以发出更准确的舌尖前音。

二、小单元绕口令练习的目的与注意事项

在上一周的学习中,我们更多地使用了单音节字词或多

音节词语作为练习材料对所学内容进行巩固复习,而实际上在普通话学习的过程中,我们还可以使用一些有针对性的绕口令和古诗词小单元,以及一些语段大单元作为练习材料。在本周以及以后的学习当中,我会为学习者们陆续安排绕口令、古诗词以及大单元语段练习内容并对其练习目的和注意事项进行说明。

绕口令作为一种小单元练习材料,是播音主持甚至其他有声语言艺术门类中最常见的练习方式。它是将声母、韵母或声调中极易混同的字,组成反复、重叠、拗口的句子。绕口令在锻炼语言基本功方面起着矫正发音部位、加强咬字器官的力度、锻炼发声器官的灵活性的作用,同时还可以有效地锻炼气息、口腔控制能力,使练习者口齿伶俐、反应敏捷。我们在绕口令的练习中不可以"一口吃个胖子",要循序渐进,持之以恒。首先要区分容易混淆的字音,其次要尽量明确语段逻辑关系,理清表达内容,最后由慢速练习开始,在吐字清楚的基础上再去加快速度。那种只求速度快,每个字都发不清、发不准的状态是不可取的。

第八天·练习材料·舌尖前音小单元绕口令练习

1.早晨早早起,早起做早操。人人做早操,做操身体好。

2.紫紫茄子,紫茄子紫。紫茄子结籽,紫茄子皮紫肉不紫。紫紫茄子结籽,紫紫茄子皮紫籽也紫。你喜欢吃皮紫肉不紫的紫茄子,还是喜欢吃紫皮紫籽的紫紫茄子。

3.山前有个崔粗腿,山后有个崔腿粗,二人山前来比腿。不知是崔腿粗比崔粗腿的腿粗,还是崔粗腿比崔腿粗的腿粗。

4.操场前面有三十三棵桑树,操场后面有四十四棵枣树。张三把三十三棵桑树认作枣树,赵四把四十四棵枣树认作桑树。

5.小四在刺字,四次刺"四"字,"四"字刺四次,四字都是"四"。

第九天

020901：口部操的概念及练习目的
020902：口部操之舌部练习——刮、弹、咬、贴

在齿间音问题的最后两讲，我们来学习"口部操"的舌部练习。我们为什么要在讲到齿间音问题的时候学习口部操呢？首先，口部操是学习普通话、学习有声语言表达过程中最为基础的练习内容，它能够帮助学习者提高口腔肌肉的力度和灵活度，比如在本讲当中要改正的齿间音问题，就需要改错者的舌尖和舌叶有力从而保持必要的控制力。对于普通话学习者来说，越早掌握这套锻炼口腔肌肉的口部操就能够越早地改正语音问题。其次，在接下来的学习中我们还会多次提到舌尖、舌叶、舌面和舌根的控制，提到它们与问题音改错之间的关系。本周后半段的学习，可以解决初学者某些知识上的盲点和漏洞。

一、口部操的概念及练习目的

口部操又叫"口部形操"或者"口部肌肉练习操"，顾名思义，就是训练学习者口腔的发声器官，特别是唇和舌肌肉的一套

练习方法。一般来说,口部操分为两大部分:"唇"的练习部分和"舌"的练习部分(如表2-1所示),在本讲和下一讲当中,我们先来一起进行舌部练习。

表2-1　口部操唇舌练习对应内容

唇部练习	喷、咧、撇、绕
舌部练习	刮、弹、咬、贴、顶、绕、立、伸

关于对口腔肌肉进行训练这一行为,很多初学者都会提出质疑,他们认为人们每天都在说话和吃饭,口腔肌肉自然会得到锻炼,肌肉自然会成长,为什么还要花时间主动地进行练习呢?其实,研究表明,每个人日常的咀嚼与言语行为都会触发口腔的"习惯"肌肉群进行运动,这里的"习惯",是指每一个个体说话时都会不自觉地形成自己的唇舌肌肉群,如果你平时操一口方言,那么与之对应的"习惯"肌肉群一定与普通话最好发音状态所使用的肌肉群是不同的。进一步讲,即使你平时使用普通话交流,我们常常也会有这样类似的体会,就是嘴唇往左撇和往右撇的时候,似乎需要使出的劲道都是不尽相同的,这就说明我们的口腔肌肉其实并没有达到最理想的状态,的确是需要通过后天训练方能达到最好的状态。

二、口部操之舌部练习——刮、弹、咬、贴

1.刮

"刮"的动作可以锻炼舌叶、舌面和舌根的肌肉力度。具体的做法是,用舌尖和舌叶,也就是舌的前端抵住下齿背,然后舌面贴住上齿的下缘,随着逐渐张大嘴的动作,用上门齿的下缘沿

第二周 舌尖前音 z、c、s 的齿间化问题

舌叶、舌面持续刮出。在这个过程当中,舌面逐渐向上挺起,最后体会一种舌根支撑,被向前拉伸的感觉。另外,这个过程与我们平时自己用上齿刮舌苔的动作类似。

2.弹

"弹"舌动作的练习目的主要是为了发好舌尖中音声母 d、t、n、l。具体的做法是,先有意识地将力量集中于舌尖,抵住上齿龈,阻住气流,然后突然打开,爆发出舌尖中清塞送气辅音 t/t'/,反复进行。"弹"这一动作可以采用匀速弹发,也可适当采用变速弹发以训练舌尖的力度和灵活度。

3.咬

与"弹"相似,"咬"舌动作的练习目的同样具有较强的针对性,主要针对舌根音声母 g、k、h 展开练习。具体的做法是,先咧唇,同时舌体后缩,舌根抬起至软硬腭交界处,阻住气流,然后突然打开,发出舌根清塞送气辅音 k/k'/音,反复进行,同时可采用匀速和变速法进行练习。

4.贴

舌面音声母也是 21 个声母当中极容易出现问题的一组,因而"贴"舌旨在锻炼舌面力度以发好 j、q、x。具体的做法是,舌尖抵住下齿背,舌面与硬腭前部相贴,阻住气流,然后向前除阻,突然打开,发出舌面清塞擦送气辅音 q/tɕ'/,反复匀速或变速进行练习。

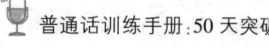普通话训练手册:50天突破

第九天·练习材料·口部操舌部练习(上)

刮、弹、咬、贴的练习

第一节:刮　　连续刮舌三次为一小节,连续完成三个小节即认定为本节完成。每小节之间做简单休整,每小节之内要求对刮舌速度进行控制,尽力保持匀速。

第二节:弹　　一口气完成一次匀速的弹舌动作为一小节,连续完成三个小节即认定为本节完成。三小节中可穿插一次到两次变速(渐快或渐慢)练习。

第三节:咬　　一口气完成一次匀速的咬舌动作为一小节,连续完成三个小节即认定为本节完成。三小节中可穿插一次到两次变速(渐快或渐慢)练习。

第四节:贴　　一口气完成一次匀速的贴舌动作为一小节,连续完成三个小节即认定为本节完成。三小节中可穿插一次到两次变速(渐快或渐慢)练习。

第二周　舌尖前音 z、c、s 的齿间化问题

第十天

021001：口部操训练的两个要求
021002：口部操之舌部练习——顶、绕、立、伸

一、口部操训练的两个要求

在进行口部操舌部练习最后四节的讲解之前，我们先来对口部操的训练要求做两点补充。第一点，在口部操的练习中要注意两个词："匀速"和"控制"，即要求练习者匀速地有控制地去完成每一个节次，体会每一节训练中唇舌肌肉的运动。我们以上一讲的刮舌动作为例。在"刮"的过程中，舌头沿舌尖、舌叶、舌面到舌根依次向外伸展，这个过程就应尽量有控制地、匀速地呈现，而不能非常快速地刮擦而出，更不能每刮一次的速度都不同，有时快有时慢。事实上，这种时快时慢正显示了练习者的舌部肌肉并不能百分百受控。第二点，口部操作为一套系统练习手段，我们可以为每一节的练习规定一个"量"，这里仍以"刮"这一节为例。初学者可以要求自己刮三次为一个小节，每三个小节构成"刮"这个动作的一大节，也就是要完成"刮"这一

训练,练习者需要刮舌九次,九次又分为三个小组,每小组包括三次匀速有控制的刮舌动作。

二、口部操之舌部练习——顶、绕、立、伸

1.顶

"顶"指的是用舌头触碰左右内脸颊,用力向外顶伸。具体的做法是,紧闭双唇,之后用舌尖顶住左、右内脸颊,努力向外伸展。在这个动作当中可以展开这样的联想,想象你的舌头是一根被包裹在气球里的缝纫针,你的脸颊就好像是厚厚的不容易戳破的气球皮,你用你的"针"使劲向外扎去,希望顶破这层"气球皮"。在练习中合理展开想象和联想,有助于我们达到更好的练习效果。

2.绕

"绕"舌的具体做法是,首先闭唇,然后将舌尖伸到齿前唇后的位置,之后顺时针方向环绕360度,再逆时针环绕360度,每个方向环绕若干圈,交替进行。

在"绕"舌的动作过程中,练习者往往会有这样的体会,就是某一个方向(如顺时针)的绕舌动作比另外一个方向更顺利。如有类似体会,就说明你舌部肌肉的发达程度并不均衡,这正是口部操要达到的目标之一。

3.立

"立"舌的具体做法是,先把舌自然平放在下齿槽中,然后向左、右翻立,交替进行。这一节,是舌部整体肌肉力度和灵活度的综合体现。但是要特别说明的是,很多初学者在练习的一

开始,甚至在持续练习一段时间后仍不能完成立舌动作,因此将其归咎为"基因"的影响。我想说的是,立舌确实是舌部练习中最难的一节,暂不能完成立舌的学习者不必操之过急,更不必灰心丧气,持之以恒地对舌部肌肉进行重塑,立舌动作的完成只是一个时间问题。

4.伸

"伸"是口部操舌部练习中最简单的一节,具体的做法即将舌头伸出口腔,像做体操一样,尽量向更远的地方伸展,然后向左向右分别尽量向远处伸展,体会舌头被整体拉伸的感觉。

第十天·练习材料·口部操舌部练习(下)

顶、绕、立、伸的练习

第五节:顶　　左右脸颊交替顶舌六次为一小节,连续完成三个小节即认定为本节完成。每小节之间做简单休整,每小节之内要求对顶舌速度进行控制,尽量保持匀速。

第六节:绕　　顺时针绕舌三圈,接逆时针绕舌三圈为一个小节,连续完成三个小节即认定为本节完成。每小节之间做简单休整,每小节之内要求对绕舌速度进行控制,尽量保持匀速。

第七节:立　舌左右翻立交替进行,翻立六次为一小节,连续完成三个小节即认定为本节完成。每小节之间做简单休整,每小节之内要求对顶舌速度进行控制,尽量保持匀速。

第八节:伸　舌部分别向前、左前、右前方向伸出,交替进行,伸舌九次为一小节,连续完成三个小节即认定为本节完成。每小节之间做简单休整,每小节之内要求对顶舌速度进行控制,尽量保持匀速。

第三周　舌尖中鼻音 n 与舌尖中边音 l 不分的问题

第三周学习内容

031101：什么是舌尖中鼻音 n 与舌尖中边音 l 不分的问题

031102：如何进行 n-l 不分问题的自我检测与认定

031201：辅音 n-l 的发音部位与发音方法

031202：从发音方法的角度改正 n-l 不分的问题

031203：从发音部位的角度改正 n-l 不分的问题

031301：什么是普通话语音学习中常用的"带音法"或称"引导法"

031302：使用"带音法"改正 n-l 不分的问题

031401："交错—凸显练习法"是解决对位音混淆问题的有效方法

031402：如何使用"交错—凸显练习法"解决 n-l 不分的问题

031501：鼻边音识记的两种方法：声旁类推与声韵拼合法

031502：加强舌尖的灵活性和力度是辨清 n-l 的重要保证

第三周 舌尖中鼻音n与舌尖中边音l不分的问题

第十一天

031101:什么是舌尖中鼻音n与舌尖中边音l不分的问题
031102:如何进行n-l不分问题的自我检测与认定

我们平时习惯于将"舌尖中鼻音n与舌尖中边音l不分"的问题简称为"n-l不分"的问题,或"鼻边音不分"的问题。"n-l不分"的问题在我国多种方言体系中普遍存在,在声母范畴的所有语音问题中,恐怕应该算是仅次于"平翘舌不分"问题的第二大常见问题了。比如说大家都非常熟悉的湖南话,湖南人干脆就把自己的省份名称说成是"福蓝",当然这里除了n-l不分的问题,还有f-h不分的问题。在本讲当中,我们就来说说什么是n-l不分的问题,它的具体表现又是什么。

一、什么是舌尖中鼻音n与舌尖中边音l不分的问题

按照发音部位进行分类,辅音n、l都属于舌尖中音声母,这说明它们的发音部位是相同或者相近的。而按照发音方法进行分类,n是一个浊鼻音,l是一个浊边音,简单来说,就是在成音时,气流受到阻碍的方式不同,声带震动的方式也不尽相同,有

关发音方式的不同我们会在下一讲中详细讲解。总体来说,造成n-l不分问题的原因主要有以下两个方面:第一,发音位置的错误会直接导致语音的不正确;第二,发音方式的错误是造成n-l混淆的关键所在。进一步讲,n-l不分问题最典型的具体表现就是"鼻音边音化"(如"胶囊"读成"胶狼"、"嫩绿"读成"lèn绿")或"边音鼻音化"(如"浪漫"读成"nàng漫"、"冷静"读成"něng静")。如果学习者认定自身存在类似的问题,首先应该判断自己是否在发音部位上存在问题,发音时舌尖与上齿龈接触的位置是否准确,舌尖是否弹发有力;如果在发音部位上未出现问题,那就继续在发音方式上找原因,考虑是否在鼻边音的发音方式上存在一方的缺失。

我们在这里提出一个概念——"对位音",舌尖中鼻音n与舌尖中边音l在普通话语音体系中就是一组"对位音"。所谓"对位音",就是两个音素互为错误音的占位音,在普通话语音的学习中,我们已经学过的"平翘舌不分"问题,以及接下来会讲到的"前后鼻音不分"问题中的z-zh、c-sh、s-sh以及n-ng都属于典型的"对位音",而相对的,如"齿间音"问题、"尖音"问题等则没有其对应的"对位音"。根据n-l相互"对位"这一属性,我们会在后文中提出相应的n-l不分问题的改正方法。

二、如何进行n-l不分问题的自我检测与认定

切实弄清楚自己的错误类型,永远是改错最为关键的第一步。发现自己存在n-l不分的问题只是一个开始,接下来应该继续搞清楚自己的问题的具体表现,到底是发不好n,还是发不好l。更进一步,要搞清楚发不好、辨不清n-l的问题是因为不

会发,根本发不出来,还是因为两个声母都会发,可是一到应用的层面就会频繁出错。判定自己错误类型最简单直接的方法当然是使用听感进行判断,但是,"当局者迷",除了凭借听觉,我们还可以通过什么样的方式来检测和认定自己的问题呢?

n 是一个鼻音,发音时口腔通道受到阻塞,气流主要由鼻腔呼出。而 l 则不同,它是一个边音,发音时,气流是从口腔通道呼出的。根据"气流通路不同",想要分辨自己所发出的音是 n 音还是 l 音,我们可采取以下三种方法来进行自我检测。

方法一:捏鼻翼。练习过程中,可以轻轻捏触鼻翼两侧发音。鼻翼不振动时,所发的就是 l 音;鼻翼震动时,所发的就是 n 音。

方法二:堵鼻孔。发音过程中,我们可以用手指堵住鼻孔发音。如果觉得发音有困难、有很强的憋气的感觉,而且耳膜有鼓胀之感甚至有鸣声,那么你发出的音就是鼻音 n;如果觉得发音不困难,耳膜并无显著鸣声,且无憋气的感觉,那就是 l 音。

方法三:捂嘴巴。和堵鼻孔的感觉恰恰相反,当你用手捂住嘴巴发音时,如果觉得发音有困难、有很强的憋气的感觉,而且两腮鼓起,那发出的音就是 l;如果觉得发音不困难,两腮不鼓,且无憋气的感觉,那发出的音大抵就是鼻音 n 了。

掌握了以上这三种方法,学习者就可以随时随地检测自己的发音,为进一步改正错误打下良好的基础。

第十一天·练习材料·鼻边音小单元词语练习

第十一天 **鼻音** n

单音节：拿 嫩 你 捏 牛 粘 鸟 娘

双音节：农奴 牛奶 泥泞 扭捏 女奴 袅娜

四音节：南腔北调 难分难解 弄假成真 怒发冲冠

边音 l

单音节：拉 劳 冷 理 类 龙 罗 律

双音节：立论 流量 伦理 劳累 拉力 冷落

四音节：来者不拒 离题万里 落花流水 两全其美

第三周 舌尖中鼻音 n 与舌尖中边音 l 不分的问题

第十二天

031201：辅音 n-l 的发音部位与发音方法
031202：从发音方法的角度改正 n-l 不分的问题
031203：从发音部位的角度改正 n-l 不分的问题

按照发音部位分类，n、l 和 d、t 一起，构成了舌尖中音声母组。而按照发音方法分类，n 和 l 分属鼻音和边音，两者的发音方法都比较特殊。想要改正 n-l 不分的问题，我们可以先从发音部位和发音方法的角度入手，在最基础的层面寻求突破。

一、辅音 n-l 的发音部位与发音方法

一般认为，舌尖中音声母的发音部位和发音方法可以笼统地描述为：舌尖抵住上齿龈形成阻碍，之后弹发而出，破除阻碍后发出的声音。但是实际上，具体到声母 n、l，在发音部位和发音方法方面需要进行补充和说明的还有很多。

我们先来关注发音部位。与 d、t、n 三个声母的成阻部位为"舌尖与上齿龈"不同的是，声母 l 的发音部位明显更为靠后，成阻位置大概是在上齿龈的后部，也就是在舌尖中音声母 d、t、n

之后,舌尖后音声母 zh、ch、sh 之前的位置。并且从舌的张弛程度看,发 n 的时候舌体肌肉较为紧张,相对的,发 l 时比较放松。

接下来重点看发音方法。n 是一个鼻音,所谓鼻音,就是发音时气流主要通过鼻腔呼出,与大部分辅音发音时气流从口腔通路呼出有明显的不同。普通话当中鼻音音素一共有三个,分别是双唇鼻音 m、舌尖鼻音 n、舌根鼻音 ng。其中双唇鼻音在普通话中只担任声母,而舌根鼻音只充当鼻韵尾角色,只有 n 既可担纲一个音节中的声母角色,又可出任鼻韵尾的角色。在鼻音 n 的发音过程中,伴随着明显的软腭下垂,舌尖与上颚成阻,口腔中的气流通路被阻塞,致使气流大部分由鼻腔呼出,进而产生明显的鼻翼震动,产生鼻共鸣,使声音带上明显的鼻音色彩,同时发音过程中声带震动明显。总结起来,n 在发音方法上有如下明显特征:舌尖保持与齿龈的阻碍,同时软腭下降,声带震动,气流从鼻腔通过。

声母 l 是普通话声母中唯一的一个边音,边音的"边"是"边缘""两边"的意思,也就是说,在 l 的发音过程中,口腔中气流通路的中间被阻塞,气流只能从舌头的"两边"通过。具体来说,l 音的发音要领是,舌尖抬起,轻轻抵住上齿龈的后部,同时与发 n 时软腭下垂不同的是,发 l 时软腭上升,关闭鼻腔通道,在除阻发生的一瞬间,舌体显得更为放松。

我们可以从舌位前后、气息区别、口型区别等角度再来审视和对比一下 n、l 两者在发音部位和发音方法上的不同。在舌位的前后上,n 更为靠前而 l 相对来说较为靠后;从气流通路的区别来看,发 n 时气流从鼻腔呼出,发 l 时气流从口腔的两侧呼出;从口型区别来看,鼻音 n 口型较小,而边音 l 相对大一些,并且伴随有咧嘴角的倾向;从舌体的张弛程度看,发 n 时候舌部肌肉较为紧张,相对的,发 l 时比较放松;从舌位的动程来看,发 n 时动程幅度小,相对的,发 l 时幅度较大。接下来,我们就根据两者发音部位和发音方式的不同,提出一些行之有效的 n-l 区分方式。

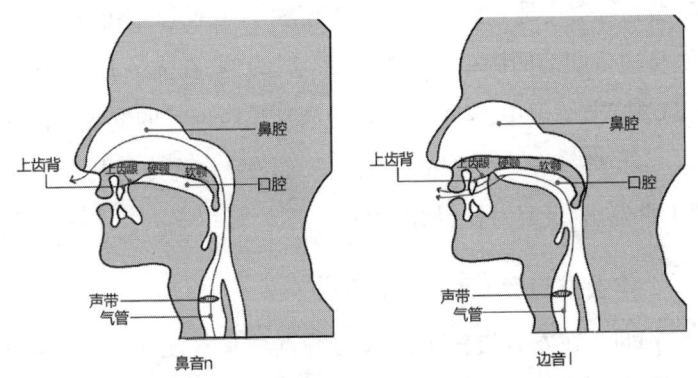

图 3-1　声母 n 与 l 发音部位和发音方法图示

二、从发音方法的角度改正 n-l 不分的问题

1.体会发鼻音 n 时的鼻腔共鸣

声母 n 在发音方式上最大的特点就是气流从鼻腔呼出,这也是其与声母 l 最大的不同,我们可以从两个方向去努力体会鼻音 n 成音时的鼻腔共鸣和鼻翼震动。首先,在发音过程中有意识地使软腭下降,软腭的位置如前文图 1-1 所示。软腭位于硬腭的后部,小舌的前方,大概处于上颚后 1/3 位置。学习者可以用舌尖进行一个具体的感受:先用舌尖触碰上门齿的内侧,也

就是上齿背的位置,然后向牙龈的方向也就是向内进行移动,移动过程中接触到的口腔上部较硬的部分就是硬腭,硬腭后部就是可以上下活动的软腭。当我们张开嘴"倒吸"一口气时,感觉上颚"凉凉"的部分,就是我们的软腭。找到了软腭,我们就可以通过支配软腭的下降与抬升,来区分 n 与 l 的发音了。

通过体会鼻音 n 的鼻腔共鸣以区分 n–l 的第二个努力方向,是在练习中适当延长 n 的"哼鸣感"。我们以本讲的练习材料"鼻边音同韵同调单音节对比练习"为例,在先 n 后 l 的同韵同调单音节练习中,学习者可以适当延长声母 n 的发音时长,如"n——nà""n——nèi""n——nài",而发 l 作为声母的音节时,则正常发出,反复对比,加深印象。

2.体会发边音 l 时的咧唇动作

声母 l 在发音方法上最大的特点就是气流从口腔两侧呼出,在发出 l 作为声母的音节时,发音者可以适当将嘴角稍微咧开一些,就像"保持微笑"那样进行发音,通过这个咧嘴动作,可以使气流更容易从口腔中舌体的两边通过,发出正确的 l 音。

三、从发音部位的角度改正 n–l 不分的问题

在本讲的最后,我们为学习者安排了最容易体会出发音部位之间区别的"同韵同调单音节对比练习","同韵同调"的用意就在于尽可能排除其他干扰,使学习者的注意力全部放在 n 与 l 的简单对比上。本讲中我们提到,l 与 n 在发音部位方面最大的不同就是 l 的成阻部位比 n 略靠后,那么在本讲的练习中,学习者便可以建立这样的一种主观映射:"那—辣(前—后)"

"内—累(前—后)""耐—赖(前—后)"……通过舌尖的前后接触位置体会 n-l 的不同,进而最终改正 n-l 不分的问题。

第十二天·练习材料·鼻边音同韵同调单音节对比练习

n—l

| 那—辣 | 内—累 | 耐—赖 | 年—连 | 念—恋 | 哪—喇 |
| 浓—龙 | 暖—卵 | 您—林 | 能—棱 | 牛—刘 | 女—旅 |

l—n

| 卢—奴 | 鲁—努 | 离—泥 | 李—你 | 罗—挪 | 老—脑 |
| 量—酿 | 蓝—男 | 狼—囊 | 岭—拧 | 路—怒 | 略—虐 |

第十三天

031301：什么是普通话语音学习中常用的"带音法"(或称"引导法")

031302：使用"带音法"改正 n-l 不分的问题

在上一讲我们讲到了舌尖中鼻音 n 和舌尖中边音 l 的发音部位和发音方法，其中，我们谈到了两个细节：第一，鼻音 n 是一个既可以做声母又可以做韵尾的鼻音音素，第二，边音 l 在发音时软腭是抬起的，这一点与 n 有明显不同。根据这两个细节，我们即将延伸出在本讲当中学习的 n-l 不分的改正方法——"带音法"(或称"引导法")。

一、什么是普通话语音学习中常用的"带音法"(或称"引导法")

"带音法"是在普通话语音改错中，甚至是多语种语音学习中经常被使用的一种方法，这种方法指的是使用一个容易发出的或已经习得的音"带"出，或称"引导"出另一个发音部位与之

第三周 舌尖中鼻音 n 与舌尖中边音 l 不分的问题

相近的、较难发出或尚未掌握的音,我们有时也把这种方法称为"引导法"。

我们可能有这样的体会:一个音素在充当声母的时候我们发不好,并不代表它充当其他角色的时候我们也同样发不好。即便这个音素充当声母,发音时是否会出现错误,也与声母后面跟随的韵母等其他因素有关。有一则热门微博是这么写的:"刚才有人问我,你们湖南人 f-h 不分,那是不是笑起来是 fafafafafafa 呢?"这显然是一个玩笑,但是通过这则笑料我们也能够明确一件事,即通过一个已掌握的发音部位或发音方式"引导"出另一个较难的音的方法,应该是可行的,是值得一试的。事实上,在前文"平翘舌不分"问题的改错中,我们曾经使用的通过 r 或卷舌音 er 的发音位置来寻找翘舌音的方法,就是"带音法"的一种积极尝试。

二、使用"带音法"改正 n-l 不分的问题

在 n-l 不分问题的改错中,我们尝试使用"带音法"引导发出正确的鼻音声母 n 和边音声母 l。首先,改错者必须搞清自己 n-l 不分问题的具体表现是语音体系中缺失了鼻音 n,还是缺失了边音 l,之后再按照以下方法进行练习。

假如学习者在鼻音声母 n 上发音有障碍,或根本发不出鼻音 n,这个时候,我们利用鼻音 n 是一个既可以做声母又可以做韵尾,并且是大部分人都能发出的正确前鼻韵尾 n 这一特点,使用"带音法"引导出声母 n 的发音位置。具体的做法是,我们在 n 做"声母"的音节前面加一个"韵尾"为前鼻音 n 的音节,之后,利用前鼻韵尾 -n 归音时候的位置顺势发下一个音节的开头

声母n。举个例子,比如有人在"nán"这个音节上总是会误读为"lán",那么我们便可以尝试在音节"nán"前加上另一个音节"yún",组成一个双音节词"云南"。这个词语的第一个字"云 yún"的韵母是前鼻音韵母ün,而它的尾音是前鼻韵尾-n,而这个n也恰恰是下一个目标字"南 nán"音节的首字母。那么这样,改错者想要不再将这个音读成"yúnlán",改错的路径就变成了,在发"引导音节""yún"的时候,充分体会这个音节韵尾的归音位置,也就是读"云"这个字时舌位最终的着落位置,之后在这个位置上"顺势"发出"南 nán"这个字的声母,"yún-n-nán、yún-n-nán",反复慢速练习和体会,最终发出正确的鼻音声母n。

边音l的发音同样也可以使用类似的方法进行练习,但是在应用"带音法"之前,我们先来解释一下边音l使用此种方法的依据。"边音鼻音化",也就是把l发成n的成音机制,是由于发出声母l时软腭错误地"下降"了,软腭的下降使气流能够更多地从鼻腔通路通过,使边音带有了鼻音的色彩,或者从听感上干脆就与鼻音无异了。根据这个错误音的成音机制,我们便可以在以l为声母的音节前面加上一个以舌根音为声母的音节,如ge、ke、ga、ka等,从而借助g、k发音时舌根高抬的特点,对后续音节声母发音时的软腭下降进行有效的限制,使其不便于产生鼻音,这就是使用"带音法"引导发出正确的边音声母l的一般方法。比如学习者会把"lī"这个读音误发成类似于"nǐ"的声音,这个时候,我们可以在音节"lī"前加上引导音节"gā",组成词语"咖喱 gāli",在发"咖喱"这个双音节词语时,充分体会前一个音节"咖 gā"的软腭抬起,在软腭不"主动下降"的前提

第三周 舌尖中鼻音 n 与舌尖中边音 l 不分的问题

下,自然发出以 l 为声母的目标音节"喱 lǐ"。这样,改错者就不容易将声母 l 鼻音化,不容易将"lǐ"发成带有鼻音色彩的"nǐ"了。

在本讲的最后,我们为学习者提供了一组应用了"带音法"的 n-l 词语练习。在练习中,大家可以将前一个引导音节的末尾音素适当地延长,以体会其发音部位或发音方法。在此基础上,学习者便能够更自然地、顺势地发出目标音节的声母,完成 n-l 不分问题的改错了。

第十三天·练习材料·应用"带音法"的 n-l 词语练习

第十三天

鼻音 n 带音法

云南 yún-n-nán　新年 xīn-n-nián　愤怒 fèn-n-nù
烂泥 làn-n-ní　伴娘 bàn-n-niáng　温暖 wēn-n-nuǎn
贫农 pín-n-nóng　叛逆 pàn-n-nì

边音 l 带音法

各类 gè-e-lèi　颗粒 kē-e-lì　格林 gé-e-lín
可怜 kě-e-lián　旮旯 gā-a-lá　卡拉 kǎ-a-lā
咖喱 gā-a-li　河流 hé-e-liú

第十四天

031401:"交错—凸显练习法"是解决对位音混淆问题的有效方法

031402:如何使用"交错—凸显练习法"解决n-l不分的问题

在本周学习的一开始,我们曾经提出过一个概念——"对位音",当两个音素互为错误音的占位音的时候,它们就是一对"对位音"。在普通话语音学习中,我们都很熟悉的"平翘舌音""前后鼻音",以及"n-l""f-h""r-l"等都是典型的"对位音"。在本讲当中,我们以"n-l不分"问题的改错为例,来介绍一种解决"对位音"混淆问题的有效方法——"交错—凸显练习法"。

一、"交错—凸显练习法"是解决对位音混淆问题的有效方法

"交错—凸显练习法"是"对位音素交错法"和"对位音素凸显法"的总称。所谓"对位音素交错法"就是将想要改错的一对"目标对位音"置于单音节或多音节词语当中加以呈现,如前文

第三周 舌尖中鼻音 n 与舌尖中边音 l 不分的问题

我们为大家提供的解决平翘舌不分问题的练习材料——"平翘舌词组交错对比练习"当中的双音节词语组"在职（zàizhí）、杂志（zázhì）、栽种（zāizhòng）、增长（zēngzhǎng）、自重（zìzhòng）、宗旨（zōngzhǐ）"，就是针对平翘舌对位音"z-zh"的交错双音节练习，而在后文前后鼻音区分的学习中，我们还会联系到诸如"民兵（mínbīng）、心病（xīnbìng）、隐情（yǐnqíng）、进行（jìnxíng）、银杏（yínxìng）、新颖（xīnyǐng）"这样的针对对位音"in-ing"的专门练习材料。"对位音素交错法"能够使语音学习者在材料播读训练中更显著、更高频、更容易地体会"对位音"在发音部位、发音方式等方面的不同。

"对位音素凸显法"更像是交错法的加强版，它通过将音节中除"对位音素"以外的其他环节（声母、韵母、声调等）进行同质化设置，使"对比音素"成为整个音节，甚至一个词组当中的唯一"变量"，使其在发音部位、发音方法等方面的不同淋漓尽致地"凸显"出来，最终使语音学习者能够更加精准、更加快速地改错。就如本讲最后的"n-l 同韵同调凸显练习材料"——无赖 lài-无奈 nài、水牛 niú-水流 liú、男 nán 裤-蓝 lán 裤——由于需要区分的"对位音素"是鼻音声母 n 和边音声母 l，于是我们就找到了一组除声母以外，音节中韵母和声调都一样，甚至连与该音节相拼的另一个汉字也都一样的双音节组合，通过这样的组合，练习者便可以将注意力完全集中到对位音的对比方面，迅速找到两者的不同，为语音改错扫清障碍。可以说，"交错—凸显练习法"是解决所有对位音混淆问题的一种非常有效的方法。

二、如何使用"交错—凸显练习法"解决 n-l 不分的问题

根据"交错—凸显练习法",在本讲的最后,我们为大家提供了针对鼻边音改错的"n-l 声母交错练习材料"和"n-l 同韵同调凸显练习材料"。在"声母交错练习"中,前两行的双音节词语均以鼻音 n 为声母的音节开头,以边音 l 为声母的音节结束,后两行反之。接下来在"n-l 同韵同调凸显练习"中,通过对对位音素的"凸显",学习者可以明显地体会 n-l 在各方面的不同。通过学习我们在本周第二讲中讲过的内容,学习者可以充分体会 n-l 在发音部位和发音方法上的不同:感受成阻位置的前后变化,体会发音时气流呼出的不同通路,感受软腭在成音时候的抬起与下降,体会嘴型的圆展与开合等。通过"交错—对比练习",这些不同将清晰可感。学习者通过有针对性的对比训练以及练习量上的积累,可以逐步增强发 n 和 l 两个声母的熟练度和流畅度。另外,在练习中切勿图快,起初放慢速度,努力读准每一个音,在熟练的基础上再适当加快速度、逐步放松注意力,保证练习和改错的效果。

第十四天·练习材料·n-l 双音节词语交错凸显练习

第十四天 n-l **声母交错练习法**

| 哪里 nǎlǐ | 纳凉 nàliáng | 奶酪 nǎilào | 脑力 nǎolì |
| 年龄 niánlíng | 逆流 nìliú | 内陆 nèilù | 内涝 nèilào |

第三周 舌尖中鼻音n与舌尖中边音l不分的问题

留念 liúniàn　　来年 láinián　　老农 lǎonóng　　冷暖 lěngnuǎn
流脑 liúnǎo　　理念 lǐniàn　　岭南 lǐngnán　　辽宁 liáoníng

n-l 同韵同调凸显练习法

无赖 lài-无奈 nài　　　水牛 niú-水流 liú　　　男 nán 裤-蓝 lán 裤
旅 lǚ 客-女 nǚ 客　　　脑 nǎo 子-老 lǎo 子　　连 lián 夜-年 nián 夜
留念 niàn-留恋 liàn　　浓 nóng 重-隆 lóng 重　　南 nán 部-蓝 lán 布
烂泥 ní-烂梨 lí　　　　牛 niú 黄-硫 liú 磺　　　大娘 niáng-大梁 liáng

第十五天

> 031501:鼻边音识记的两种方法:声旁类推与声韵拼合法
> 031502:加强舌尖的灵活性和力度是辨清n-l的重要保证

在本周的前几讲,我们试图通过几种行之有效的方法解决普通话发音中"鼻音边音化"或"边音鼻音化"的问题,但是,有一部分普通话学习者的鼻边音问题并不表现为语音中缺失鼻音n或边音l,这些人鼻边音错读的原因更多的是由于他们在鼻边音音节的识读方面存在问题,没能掌握哪些字是鼻音声母,哪些字是以边音开头的。在这样的情况下,普通话语音学习者改错的方向就应该转向采用某些方法来对n-l对应的汉字进行有效的识记,在本讲当中,我们就通过"声旁类推"以及"声韵拼合"的方法,以"鼻边音拼合关系表"为材料,对这方面内容进行讲解。

一、鼻边音识记的两种方法

我们即将学习的鼻边音识记方法"声旁类推法"与"声韵拼合法",实际上在前文的"平翘舌不分"问题讲解的最后一讲中

第三周 舌尖中鼻音n与舌尖中边音l不分的问题

使用过。在本讲中,我们同样借助一张表格(表3-1),来说明如何进行有效的鼻边音节识记。

表3-1 鼻边音声母拼合关系表

	鼻音n	边音l
a	ā 那(姓氏) á 拿 ǎ 哪 à 那、娜、纳、呐、钠、衲、捺	ā 拉、啦、垃、邋(遢) ǎ 喇 à 辣、瘌、蜡、腊、落
e	ē 呢 é 哪(吒) è (木)讷	è 乐、勒
i	ī 妮 í 尼、泥、呢、怩、倪、霓 ǐ 拟、你、旎 ì 昵、逆、匿、腻、溺	í 梨、犁、黎、鹂、厘、狸、离、漓、篱、罹(难) ǐ 礼、里、理、李、鲤、澧 ì 力、历、沥、厉、励、丽、荔、利、俐、莉、例、立、吏、粒、苙、栗、隶、砾
u	ú 奴、驽 ǔ 努、弩 ù 怒	ú 卢、庐、炉、芦、轳、颅、鲈 ǔ 卤、虏、掳、鲁、橹 ù 陆、录、路、赂、鹭、露、鹿、漉、辘、麓、绿(林)
ü	ǚ 女	ǘ 驴、榈 ǚ 吕、侣、铝、旅、屡、缕、履、捋(胡子) ǜ 律、虑、滤、率、绿、氯
ai	ǎi 乃、奶、氖 ài 奈、耐	ái 来 ài 赖、癞、籁、睐
ei	ěi 哪(口语)、馁 èi 内、那(口语)	ēi 勒 éi 累(累)、雷、擂、镭、羸 ěi 垒、累、磊、蕾、儡 èi 累、泪、类、肋、擂(台)

续表

	鼻音 n	边音 l
ao	āo 夞 áo 挠、饶、蛲、猱 ǎo 脑、恼、瑙 ào 闹	āo 捞 áo 劳、牢、痨 ǎo 老、佬、姥 ào 涝、烙、酪
ou		ōu 搂 óu 楼、喽、偻 ǒu 搂、篓 òu 陋、镂、漏、露
ia		liǎ 俩
ie	iē 捏 iè 聂、嗫、镊、蹑、镍、啮、孽	iē 咧 iě 咧 iè 列、冽、烈、裂、趔(趄)、劣、猎
iao	iǎo 鸟、袅 iào 尿	iāo 撩 iáo 辽、疗、聊、僚、撩、嘹、寮 iǎo 了 iào 料、廖、瞭、镣、撂
iu	iū 妞 iú 牛 iǔ 扭、纽、忸 iù 拗	iū 溜、蹓 iú 刘、浏、留、馏、榴、流、琉、硫 iǔ 柳、绺 iù 六、遛、陆(六大写)
uo	uó 挪、娜 uò 诺、懦、糯	
üe	üè 疟、虐	üè 掠、略
an	án 男、南、喃、楠、难 ǎn (牛)腩、蝻 àn 难(民)	án 兰、拦、栏、阑、澜、蓝、篮、婪、岚 ǎn 览、揽、缆、榄、懒 àn 烂、滥
ang	áng 囊 ǎng 攮	āng 啷 áng 郎、狼、琅、廊、椰、螂 ǎng 朗 àng 浪

第三周　舌尖中鼻音n与舌尖中边音l不分的问题

续表

	鼻音n	边音l
en	èn 嫩	
eng	éng 能	éng 棱 ěng 冷 èng 愣
ong	óng 农、浓、脓 òng 弄	óng 龙、茏、咙、珑、胧、聋、笼、隆 ǒng 笼(络)、拢、垄 òng 弄(堂)
ian	iān 拈、蔫 ián 年、粘(同黏)、鲇(鱼) iǎn 捻、碾、撵 iàn 念、廿	ián 连、莲、涟、怜、帘、联、廉、镰 iǎn 脸、敛 iàn 练、炼、恋、殓、潋
iang	iáng 娘 iàng 酿	iáng 良、粮、凉、梁、粱、量 iǎng 两、俩 iàng 亮、谅、晾、辆、踉(跄)、靓、量
in	ín 您	īn 拎 ín 邻、林、淋、琳、霖、临、郴、嶙、鳞、麟 ǐn 凛、檩 ìn 吝、赁、蹽、蔺
ing	íng 宁、咛、狞、柠、凝 ǐng 拧 ìng 宁、泞、佞	íng 玲、铃、聆、羚、零、龄、灵、棂、凌、菱、绫、图、伶(俜) ǐng 领、岭 ìng 令、另
uan	uǎn 暖	uán 峦、挛、孪、鸾、滦 uǎn 卵 uàn 乱
un		ūn 抡 ún 仑、伦、论(语)、沦、纶、轮 ùn 论

表3-1中共有401个汉字,覆盖了3500个常用汉字中的所有边鼻音汉字,我们根据普通话测试的需要加入了一些常考汉字,还为每一个音节对应的声调进行了四个声调的依次排列。

1.声旁类推法

现代汉语常用字中90%以上都是形声字,因而,我们可以根据汉字的声旁进行类推,从而分辨鼻音和边音,我们也把这种方法称为"记一边,带一串"。只要分别记住一些声母是n或l的简单字,这些字加上偏旁所构成的新字大多与声旁字的声母保持一致。比如"宁níng",如果我们记住这个字的声母是鼻音n,那么就可以以这个字带出提手旁、木字旁、反犬旁、三点水和口字旁的很多字——"拧、柠、狞、泞、咛",它们都是以n作为声母的。再比如说,我们用"陈列"的"列"带出"冽、烈、裂、趔"等字,这些字的声母都是l。这样的例子还有很多,比如用"南"字带出"楠、喃、腩、蝻",用"令"字带出"玲、铃、聆、羚、零、龄、伶、岭",用"仑"字带出"抢、伦、论、沦、纶、轮",等等。当然,有些字也有特例,比如我们用"善良"的"良liáng"字能够带出声母同为边音l的"朗、狼、浪、粮、廊、琅"等字,但是"娘、酿"的声母却是鼻音n,这样的特例需要我们在日常积累中进行特殊总结和记忆。

2.声韵拼合法

从表3-1我们可以看出,鼻音声母n与边音声母l在与韵母的拼合关系上是有一定规律的,有的不相拼合,有的虽然拼合但是对应的汉字却很少,我们通过这些规律便可对鼻边音音节进行有效的识记。例如n不能与韵母ia相拼,但可以和l相拼,所以有"liǎ 俩",没有"nia"。还有 l 不与韵母 en 相拼,却可以和 n 相拼,所以就有"nèn 嫩",而没有"len"。再有 n 与韵母 ou、ia、un 不相拼,只和边音 l 相拼,如"篓、漏、抡、仑"等,却没有"nou、nia、nun"。

除此之外,我们还要善于从自己的方言当中找到鼻边音的错误拼合关系,了解了自己的方音和普通话语音的对应规律之后,就不必一个字音一个字音地死记,而可以一批一批有规律地记忆。比如在普通话中 n、l 与撮口呼韵母 ü、üe 相拼的字,在甘肃某地方言中一律使用鼻音,"绿""略"读成"nǜ""nüè"。通过对比我们发现,在普通话当中,撮口呼韵母大多都是与边音 l 相拼,在常用字当中,只有"疟、虐、女"这三个字是和鼻音 n 相拼的。所以,对于有这种语音问题的甘肃朋友来说,只要记住除了"疟、虐、女"之外,其他与撮口呼相拼的字都应该改读成边音,这样,改错的效率就大大提高了。

二、加强舌尖的灵活性和力度是辨清 n-l 的重要保证

在本周讲解的最后,我们提示大家一点,就是在改正 n-l 不分问题的过程当中,加强舌尖的灵活性和力度是非常重要的。大家知道,n、l 按照发音部位来分类,属于舌尖中音,是舌尖和上齿龈(指 d、t 以及鼻音 n)或齿龈后部(指边音 l)成阻发出的一组音。很多人发鼻音 n 的时候舌尖的位置虽然是对的,但是由于舌尖缺乏力度,导致舌尖与上齿龈贴合不紧,口腔通路闭合不严,因而气流不能完全从鼻腔通路呼出,而是会从口腔分流,所以仍然有可能保留边音色彩。针对这样的问题,我们平时要坚持练习口部肌肉练习操,锻炼整个舌体特别是舌尖的灵活性

和弹发的集中度。持之以恒,舌头灵活有力了,n-l 改正起来就会更加有的放矢。实际上,所有语音问题的改正,都需要以口腔的控制作为保障,都需要以唇舌的力度和灵活度作为有力的支撑。

第十五天·练习材料·n-l绕口令练习

1.念一念,练一练,n、l 的发音要分辨。l 是边音软腭升,n 是鼻音舌靠前。你来练,我来念,不怕累,不怕难,齐努力,攻难关。

2.牛拉碾子碾牛料,碾完了牛料留牛料。

3.老龙恼怒闹老农,老农怒恼闹老龙,农怒龙恼农更怒,龙恼农怒龙怕农。

4.牛郎恋刘娘,刘娘念牛郎,牛郎年年恋刘娘,刘娘连连念牛郎,牛郎恋刘娘,刘娘念牛郎,郎恋娘来娘念郎。

5.新脑筋,老脑筋,老脑筋可以学成新脑筋,新脑筋不学习就会变成老脑筋。

6.六六妞妞去放牛,大牛小牛有六头。六六拉着大牛走,妞妞牵着小牛遛。六头牛,牛六头,六六妞妞,妞妞六六都爱牛。

7.南南家种兰花,兰兰家种南瓜。南南要用兰花换兰兰家的南瓜,兰兰不愿用南瓜换南南家的兰花。

8.南边来了两个篮球队员,男运动员穿了蓝球衣,女运动员穿了绿球衣。不怕累,不怕难,男女运动员努力练投篮。

第三周 舌尖中鼻音n与舌尖中边音l不分的问题

9.盘里放着一个梨,桌上放块橡皮泥。小丽用泥学捏梨,眼看着梨,手捏着泥,一会儿捏成一个梨,比一比真梨假梨差不离。

10.柳林镇有个六号楼,刘老六住在六号楼。有一天,来了牛老六,牵了六只猴;来了侯老六,拉了六头牛;来了仇老六,提了六篓油;来了尤老六,背了六匹绸。牛老六、侯老六、仇老六、尤老六,住上刘老六的六号楼,半夜里,牛抵猴,猴斗牛,撞倒了仇老六的油,油坏了尤老六的绸。牛老六帮仇老六收起油,侯老六帮尤老六洗掉绸上油,拴好牛,看好猴,一同上楼去喝酒。

第四周　舌面音 j、q、x 的舌尖化问题

第四周学习内容

041601：什么是舌面音 j、q、x 的舌尖化问题

041602：尖音问题产生的特殊原因之一：心理原因

041603：心理层面认识的改变是尖音改错的必经之路

041701：尖音问题产生的特殊原因之二：历史原因

041702：速览语音嬗变过程中的"尖团合流"

041801：从发音部位的角度改正尖音问题

041802：加强舌面力度是改正尖音问题的有力保证

041901：难点：声母 x 舌尖化问题的案例分析

041902：谈声母的第二个分类维度——发音方法

042001：舌面音 j、q、x 发音中常见的其他问题

042002：语音问题是否彻底改正需要在大单元语段中进行检验

第四周 舌面音 j、q、x 的舌尖化问题

第十六天

041601:什么是舌面音 j、q、x 的舌尖化问题
041602:尖音问题产生的特殊原因之一:心理原因
041603:心理层面认识的改变是尖音改错的必经之路

舌面音 j、q、x 舌尖化的问题是普通老百姓语音面貌中又一常见的问题,与其他语音问题不同的是,舌面音舌尖化问题不仅表现出强烈的非地域性,并且还表现出强烈的性别特征甚至年龄特征。那么到底什么是舌面音 j、q、x 的舌尖化问题,该问题的成因和改正方法又有哪些呢?本周我们一起来学习。

一、什么是舌面音 j、q、x 的舌尖化问题

舌面音 j、q、x 的舌尖化问题又被称为"尖音问题",与"齿间音问题"中"两齿中间"意思不同的是,"尖音问题"中的"尖"特指"舌尖"——尖音问题的形成就是因为人们在发 j、q、x 这组音时成阻部位出现了偏差,舌尖过多地参与和影响了成音的过程。大家知道,按照发音部位对声母进行分类,j、q、x 被称为舌面音,对这组音发音部位的描述为:舌面前部抵住(指 j、q)或接近(指 x)硬腭前部,气流在这一部位受到阻碍后形成的音。而错

误的尖音的发音特点是,舌体前部(舌尖和舌叶)在 j、q、x 的成音过程中平伸向前,抵住或接近了上齿背或上齿龈前部,发出了类似平舌音声母 z、c、s 的声音,最典型的"尖音"就是将音节 ji、qi、xi 发成 zi、ci、si——特别注意,这里的韵母 i 是舌面元音 i[i],而非舌尖元音 -i[ɿ]。从发音方法上来看,发"尖音"时往往嘴形小而闭合,送气减弱,音质偏细。

表4-1 普通话语音与尖音对照简表

汉字	普通话	尖音
精神	jīngshén	zīngshén
爱情	àiqíng	àicíng
喝酒	hējiǔ	hēziǔ
积极	jījí	zīzí
家乡	jiāxiāng	ziāsiāng

尖音的问题常见于青年女性群体当中,近年来,也多见于中年女性群体和有阴柔之气的男性群体当中。语言表达当中的尖音常给人一种矫揉造作、小气世故、高傲不羁之感。广大有声语言工作者,如播音员主持人若存在尖音问题,更是会给人带来一种"男声女气、女声嗲气"的印象。

二、尖音问题产生的特殊原因之一:心理原因

尖音问题的形成原因是多方面的,方言影响便是其中的原因之一,我国的部分方言,如粤方言中就含有大量的尖音,因为粤语中仍存在"尖团分立"的现象。但是,据相关统计,在语音体系含有尖音问题的人群中,母语本身就含有尖音的人群仅占

很小的一部分,也就是说,方言影响实际上并不是尖音问题产生的最主要原因。徐世荣先生在《北京话里的土词和土音》中就提到,"北京话里有一种常见的尖音口音,常见于特定性别和年龄的人群当中,有学者称之为'女国音'"。在我们看来,尖音问题产生的第一重特殊原因,即在心理层面的审美认同。

20世纪90年代,港台文化影响大陆,有相当一部分人的语音面貌受到粤语的影响,他们有意识地去模仿、学习港台演艺明星和主持人的语音语调,而这些语音语调就含有非常明显的尖音问题,但这些语音模仿者不以为意,认为这样说话很美很动听,他们从自身的审美上产生了心理认同,可以说这类人群是为传达某种特殊情感而有意识地形成了尖音。

前面提到了北京"女国音",有的学者根据女国音在人群中的分布特征和发音特征提出,女国音的形成是中国传统审美观和青春期女性爱美心理共同作用的结果。中国传统审美观认为女子说话开口应小,语音应细。进入青春期的女孩子开始有追求美的意识,因而在发音过程中下意识或者有意尽量使开口幅度减小,发音趋细,从而迫使 j、q、x 等发音位置前移,形成女国音。

三、心理层面认识的改变是尖音改错的必经之路

与其他语音问题不同的是,尖音问题的改正具有一定的特殊性,想要彻底消除尖音,首先应该在心理层面认同"尖音是不美、不好听的,尖音实际是一种语音问题"。

每一位女性尖音问题的出现大概都能够追溯到她们自己开始意识到自身女性特有的娇柔的那个时间节点上,声音的改变

似乎能够让自己添加一份娇媚,这可能是其尖音形成最开始的动因。就听感而言,女性在一定范围之内保留一些"尖音色彩"尚可接受,但是如果尖音出现频率高且程度严重,就会因为声音频率偏高而让人紧张。实际上,社会中更多的人对尖音其实也是反感的,他们觉得尖音使人听感不适,根本就不像有些人觉得的那样,尖音是"有港台味的",是"比较时尚和高端的"。

尖音矫治要特别注意心理层面的改变,在这方面,改错者可以用极端夸张的尖音将问题夸大,将其放大到不能忍受的尖锐和矫情的程度,将对尖音自以为的"审美"变为"审丑",最终改变其审美取向,为彻底改正尖音问题奠定基础。

第十六天·练习材料·舌面音 j、q、x 的小单元字词练习

j

单音节:建 金 巨 姐 及 军 精 觉

双音节:救济 积极 仅仅 拒绝 究竟 境界

四音节:皆大欢喜 惊天动地 见景生情 解放思想

q

单音节:齐 区 巧 情 千 桥 枪 泉

双音节:全球 亲切 前期 漆器 欠缺 弃权

四音节:千载难逢 求同存异 恰如其分 巧夺天工

x

单音节:西 学 修 小 项 许 协 险

双音节:学习 信息 现行 献血 选项 新秀

四音节:喜出望外 细水长流 心花怒放 弦外之音

母,也就是和齐齿呼与撮口呼韵母相拼合的音节,我们称它们为团音。

为让大家直观地了解什么是"尖团分立",什么是"尖团分立"维度下的"尖音"和"团音",我们来举两个例子。2012年国庆,中央电视台《走基层·百姓心声》栏目中,主持人对街头老百姓提问:"您幸福吗?",受访者回答不一,其中有一中年人回答道"我姓曾",一时成为网络热词,登上各大媒体的新闻头条。多年以后,我们从"尖团音"的角度再看这个例子,如果汉语普通话中仍存在"尖团分立",恐怕这种尴尬和搞笑的场景就能避免。因为在"尖团分立"的前提下,"幸"与"姓"的发音是不同的,"幸"为团音,即与普通话发音相同,读"xìng",而"姓氏"的"姓"的正确读音应为尖音"sìng"。从某种意义上讲,是因为现代汉语普通话将尖团音合并了,才会出现"您幸福吗?""我姓曾。"这样的笑话。除此之外,我们再用一个词组来说明什么是尖音和团音的分立。日常生活中,我们可能会说到"九瓶酒",这个词组的现代汉语拼音是"jiǔpíngjiǔ",两个"jiǔ"都是舌面音,或者说是团音。但是,古汉语的发音却是"九(jiǔ)瓶酒(ziǔ)",因为"九"与"酒"就如"幸"和"姓"一样,是一对"尖团对位音"。因而,我们说的"尖团分立",即"箭—剑"有别、"尖—肩"有别、"小—晓"有别、"酒—九"有别、"亲—钦"有别、"心—欣"有别、"积—鸡"有别、"先—掀"、"千—牵"有别,等等。

第四周 舌面音j、q、x的舌尖化问题

第十七天

041701:尖音问题产生的特殊原因之二:历史原因
041702:速览语音嬗变过程中的"尖团合流"

在上一讲当中我们提到,尖音问题产生的原因之一是方言的影响,在我国的一些方言中仍存在"尖团分立"的现象。而从汉语语音发展的历史长河来看,"尖团分立"恰是古汉语的延续,"尖音"作为一种正确发音曾长久地存在于汉语的历史当中。相对的,"尖团合流",进而使得"尖音"成为一种需要改正的错误发音,实际上时间并不算太长。因而在本讲当中,我们尝试从汉语语音发展变化的维度,通过速览的方式,站在"尖团对位音"的角度,来看看我们如何将"尖音"改为"团音"。

一、尖音问题产生的特殊原因之二:历史原因

我们先来解释一下什么是"尖音",什么又是"团音"。简单来说,"尖音"是指声母z、c、s与i(舌面元音)、ü或i、ü开头的复合韵母相拼合形成的音节——这也是我们本讲要改错的问题音,而声母j、q、x与i(舌面元音)、ü或i、ü起头的韵

第四周　舌面音 j、q、x 的舌尖化问题

表 4-2　尖团音汉字对照表

	尖音	团音
	z	j
i	积唧疾挤集辑嫉即籍脊际剂霁济荠祭寂绩迹稷蒺跻鲚齑鲫	几机鸡记及急已季基激吉击棘亟纪冀悸级继寄汲悸妓畸
ie	接节姐睫藉捷婕疖借截	结劫解竭杰界届揭戒阶颉介街皆拮羯碣桀
iao	焦蕉椒礁鹪噍湫嚼苃鹪醮	交脚角教娇搅骄狡郊轿窖浇叫较铰侥蛟
iu	酒就揪鹫僦啾	九旧久究韭救纠舅廐究阄白疚赳柩桕鸠
ian	尖箭煎剪贱尖戋笺蒹饯戬溅湔歼僭韉溅践湔	肩见件建减检简监坚剑鉴蹇碱拣謇柬缄茧间键艰
in	津进尽浸晋烬缙赆	今近斤巾金瑾谨紧筋锦仅襟靳劲禁
iang	将浆奖酱蒋匠桨	姜僵疆讲绛降豇犟强糨礓虹糨
ing	精睛晶井靖阱菁靓净腈婧静	京惊经竟镜痉颈竞旌泾荆竟敬境
ü	疽狙且聚沮咀苴龃	居拘鞠矩举巨具局距锯聚菊橘拒剧
üe	绝嚼爵爝	决觉角掘撅孓诀抉攫脚橛蕨镢厥崛
üan	朘朘镌	捐鹃眷圈绢卷鄄倦娟蠲锩蠲狷涓锩
ün	俊峻竣浚骏	军君均菌龟钧筠麋鞯捃郡麇
	c	q
i	七妻漆戚柒齐砌泣凄脐沏荠萋蛴茸嘁碱磜	期欺起其骑奇亓启岂弃祁企乞契歧祈讫气器
ie	切且窃砌趄妾	茄怯惬锲箧慊伽挈
iao	锹悄瞧鞘峭樵憔谯愀消劁俏	敲撬巧桥翘壳乔侨橇荞跷鞒窍
iu	秋楸鳅湫囚泅酋蟠遒	丘求球仇邱龟蚯裘糗巯逑虬巯
ian	千签钎迁扦仟前钱潜浅倩金芊阡茜	牵铅嵌钳乾谴谦歉纤遣黔堑骞悭虔欣掮欠

续表

in	亲侵寝秦吣蓁嗪沁	钦琴勤擒芹禽衾芩
iang	枪墙抢呛蔷跄戗炝锵樯嫱锖	腔羌蜣强襁镪羟镪
ing	清氰青情晴圊请箐蜻鲭亲	轻氢倾擎顷卿謦苘黥磬罄綮檠庆
ü	娶蛆覻趋取趣觑	区曲屈躯龋瞿渠祛诎麴朐衢岖去
üe	雀鹊	缺确癯炔榷阙悫却
üan	悛全泉痊醛铨筌诠辁荃	圈权拳犬券颧甽鬈蜷劝
ün	逡	群裙麇
	s	x
i	西息惜昔媳腊玺洗袭细席熄锡膝夕悉栖矽晰硒铣析汐犀葸蟋徙习	吸稀溪熙希檄牺析羲檄奚饩屣喜兮嬉禽隙曦戏系醯郗歙歙
ie	写楔些斜谢契屑邪榭榍绁卸泻泄燮躞	蝎歇鞋亵血挟协械携胁解薤谐缬瀣
iao	消削销逍绡箫蛸萧宵肖硝霄筱潇啸小笑	嚣骁效淆晓哮枵崤枭校孝
iu	修羞镏锈绣袖秀	休宿臭溴貅繇鸺庥岫咻嗅朽
ian	先鲜仙纤涎羡铣藓冼跹酰遥筅氙霰涎籼跣线腺	掀锨显闲嫌险弦衔馅限咸贤宪舷苋娴痫县现献陷
in	新心芯薪锌辛寻荨信囟	欣馨忻歆鑫昕镡衅
iang	相箱镶厢湘襄葙细骧翔祥橡详螗鲞想象像	香乡响巷享降飨庠饷芗向项
ing	星腥猩惺省擤醒性姓	兴行型形刑杏邢硎悻荥荇陉荇幸
ü	须需戌徐绪恤糈蓿胥醑溆续序絮婿	虚墟畜旭吁酗栩许浒项诩煦蓿勖
üe	削薛鳕雪	靴学穴趐烍噱血
üan	宣选癣宣漩璇镟旋	喧煊悬玄轩眩券谖泫铉炫谖揎
ün	寻循殉浚旬巡询恂郇蕈荀徇汛浔讯迅逊巽	熏勋薰曛荤埙獯醺荤训驯

第四周 舌面音 j、q、x 的舌尖化问题

"尖团分立"目前仍存在于河南的中原官话、胶东地区的胶辽官话、粤语、客家话、部分吴方言、部分晋方言、部分湘方言和部分赣方言当中。另外,熟悉京剧艺术的朋友应该知道,京剧当中存在非常严格的尖团音要求。可以说,在古汉语漫长的"尖团分立"之后,相对的,"尖团合流"虽已逐渐成为主流,但是它也还只是历史的一瞬。有学者甚至认为,"尖音问题"实际上是对古音某种程度的保留,这也是很多普通话学习者在学习过程中长期受"尖音问题"困扰的重要原因之一。

二、速览语音嬗变过程中的"尖团合流"

据中国现代语言学奠基人之一的王力先生考据,"尖团合流"现象产生于清康熙年间,也就是 17 世纪,至迟不晚于 18 世纪初,距今只有两三百年的时间。而在 20 个世纪 20 年代,也就是白话文运动时期,还曾有过关于国语中尖团音的讨论。直至新中国成立后的 1955 年,随着"全国文字改革会议"和"现代汉语规范问题学术会议"的召开,"现代汉语普通话"被确立为中华民族的共同语言,"尖团合流",普通话中不再保留尖音才被最终确立。

事实上,不仅仅"尖音"退出汉语普通话的历史较晚,舌面辅音音素 j、q、x 加入汉语语言大家庭的时间同样很晚。1602 年的《等韵图经》一书中反映出的明末北京语音基本状况显示,当时北京语音中声母只有 19 个,并不包括舌面音 j、q、x,到了 1805 年的《李氏音鉴》一书,才有当时的学者首次指出舌根音 g、k、h 已经腭化,产生了类似于 j、q、x 的声母。而实际上,舌面音 j、q、x 就是由舌根与软腭成阻的声母 g、k、h 向前腭化,以及舌尖音声母 z、c、s 向后腭化而逐渐演化而来的,伴随着舌根音

和舌尖音声母的腭化，g、k、h 与 z、c、s 都不再与齐齿呼、撮口呼韵母相拼合，而把这个任务交给了新生的舌面音声母 j、q、x。

"尖团合流"之后，现代汉语在读音上更简便、更轻量了，这确实也造成了一些如前文提到的"幸福与姓曾"式的理解偏差，但这并不是最严重的。对于普通话语音学习者来说，"尖团合流"之后造成的"尖团混乱"才是致命的，更多有"尖音问题"的人不仅仅把古语中的尖音音节读作尖音，还将原来本应该读作团音的音节也读成尖音，实际上，"尖团混用"的现象是我们下决心要彻底消除"尖音"的主要原因。

第十七天·练习材料·j、q、x 与 z、c、s 双音节交错练习

第十七天 j-z

积攒　结扎　节奏　尽责　竞走　静坐　救灾　拒载　佳作

z-j

租金　醉酒　尊敬　资金　杂技　总结　自己　自觉　自居

q-c

切磋　凄惨　取材　起草　器材　潜藏　其次　清脆　钱财

c-q

采取　侧倾　残缺　从前　瓷器　草桥　篡权　凑巧　粗浅

x-s

硝酸　徇私　虚岁　选送　血色　迅速　逊色　乡俗　辛酸

s-x

索性　私信　搜寻　三线　送信　思想　送行　随想　思乡

第四周　舌面音j、q、x的舌尖化问题

第十八天

041801：从发音部位的角度改正尖音问题
041802：加强舌面力度是改正尖音问题的有力保证

在上一讲当中,我们从"尖团合流"的角度再次认识了"尖音"问题,之前提到,舌尖前音声母z、c、s与齐齿、撮口二呼相拼的音节就是尖音;舌面音声母j、q、x与齐齿、撮口二呼相拼形成的音节就是团音。从这个角度讲,如果尖团并未合流,那么尖音和团音就是一对典型的"对位音",我们本周所讲的"舌面音舌尖化的问题"又可称为"尖团音不分"的问题,具体的表现为"团音尖音化"。如果我们想要改正尖音的问题,就要从最根本的发音部位角度努力,找准发音过程中舌面和舌尖的正确位置。

一、从发音部位的角度改正尖音问题

想要谈清楚这个问题,我们先来看看经典教科书中对舌面音声母j、q、x发音部位的描述:"舌面前部抵住(指j、q)或接近(指x)硬腭前部,气流在这一部位受到阻碍后形成的声音。"在关于舌面音发音部位的描述中,决定j、q、x发音是否准确的关键发音部位是"舌面"和"硬腭",而"舌尖"的位置并没有被规定。也就是说,在舌面音的成音中舌尖的位置是相对灵活的,对其并没有刻意的要求。我们再来关注错误音"尖音"的发音部位描述:"发音时错误地将舌尖靠近或贴在上齿背,气流在舌尖和齿背的缝隙中挤出。这个时候,j、q、x 的发音部位基本接近于 z、c、s 的发音部位,听起来音色也非常接近 z、c、s,从而形成了舌面音的尖音化。"综合以上两个描述我们发现,为了使舌面音声母摆脱尖音色彩,除了舌面与硬腭前部的准确成阻之外,舌尖所处的位置同样至关重要。因而尖音改错的努力方向就可以转为:给在舌面音 j、q、x 发音时候"无处安放的"舌尖找一个合理的位置。

通过观察和体会我们发现,在舌面音的发音过程中,为了不使舌尖前伸触碰到上齿背,改错者可以主动地将舌尖抵住下齿背甚至下齿龈。舌尖位置的主观规定,还能够更有利于舌面前部隆起去和硬腭前部相接触,起到加强舌面力度,促使舌面与硬腭有力接触的作用。因而从某种意义上来说,舌尖抵住下齿背,是"舌面音舌尖化问题"改错的关键。一句话,其实从发音部位的角度改正尖音的方法很简单,就是在舌面有力且准确成阻的前提下,有意识地将你的舌尖置于下齿背或者下齿龈部分再去发音,这样就能有效地克服尖音现象的产生了。在本讲最后的练习材料中,大家就可以主动地去体会舌尖与下门齿背相接,在发音过程中保持不离开的感觉,感受这种做法是否更有利于发出正确的、不带有尖音色彩的舌面音 j、q、x。

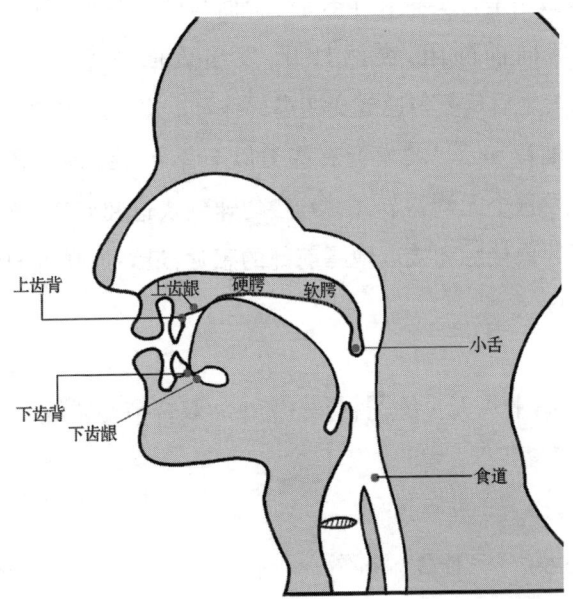

图 4-1 舌面音发音中舌面与舌尖位置示意图

二、加强舌面力度是改正尖音问题的有力保证

从发音位置和发音方法的角度改正普通话学习中的语音问题,是本书一以贯之强调的重要学习方法,而在普通话语音的改错过程中,发音器官的力度和灵活度是至关重要的保证。因而,在本讲当中我们虽然谈到"舌尖的位置"是尖音改错的关键,但是仍要看到,想要彻底发准舌面音,做到尖音问题"标本兼治",前提仍然是加强舌面的力度,使 j、q、x 发音中舌面与硬腭的接触准确且有力。

在前文我们讲到的"口部操之舌部练习"中,有一节叫作"贴",是专门针对加强舌面力度和灵活度而专门设计的。"贴"

的具体做法是舌尖抵住下齿背，舌面与硬腭前部相贴，阻住气流，然后向前除阻，突然打开，发出舌面清塞擦送气辅音 q/tɕ'/，之后反复匀速或变速进行练习。这里提到的舌面清塞擦送气辅音 q/tɕ'/，发音有些类似于音节 qie，练习者可以反复尝试发这个无调音节，由慢速、匀速到快速和变速，体会舌面前部隆起去接触和接近硬腭前部的感觉，最终加强舌面的力度和灵活度。

第十八天·练习材料·j、q、x 双音节交错练习

第十八天 j-q

技巧 jìqiǎo	价钱 jiàqián	假期 jiàqī	加强 jiāqiáng
坚强 jiānqiáng	机器 jīqì	及其 jíqí	剧情 jùqíng
减去 jiǎnqù	矫情 jiáoqing	进取 jìnqǔ	景区 jǐngqū

j-x

决心 juéxīn	教学 jiàoxué	惊喜 jīngxǐ	假象 jiǎxiàng
军训 jūnxùn	奖项 jiǎngxiàng	井陉 jǐngxíng	精选 jīngxuǎn
继续 jìxù	江西 jiāngxī	即兴 jíxìng	畸形 jīxíng

q-j

奇迹 qíjì	期间 qījiān	情节 qíngjié	请柬 qǐngjiǎn
劝架 quànjià	请教 qǐngjiào	颧肌 quánjī	秋季 qiūjì
亲家 qìngjia	切记 qièjì	青椒 qīngjiāo	钱夹 qiánjiā

第四周 舌面音 j、q、x 的舌尖化问题

q-x

气息 qìxī　　情绪 qíngxù　　全新 quánxīn　　取消 qǔxiāo

清晰 qīngxī　　缺陷 quēxiàn　　球鞋 qiúxié　　七夕 qīxī

谦虚 qiānxū　　曲线 qūxiàn　　强项 qiángxiàng　期许 qīxǔ

x-j

细节 xìjié　　戏剧 xìjù　　相机 xiàngjī　　新疆 xīnjiāng

现金 xiànjīn　　下降 xiàjiàng　　学姐 xuéjiě　　小鸡 xiǎojī

虚假 xūjiǎ　　谢晋 xièjìn　　学界 xuéjiè　　详尽 xiángjìn

x-q

心情 xīnqíng　　兴趣 xìngqù　　学期 xuéqī　　响起 xiǎngqǐ

星期 xīngqī　　学区 xuéqū　　寻求 xúnqiú　　夏青 xiàqīng

吸取 xīqǔ　　戏曲 xìqǔ　　稀缺 xīquē　　小觑 xiǎoqù

第十九天

041901:难点:声母x舌尖化问题的案例分析
041902:谈声母的第二个分类维度——发音方法

在上一讲中我们与大家分享了从发音部位的角度对"舌面音舌尖化"问题进行改正的方法,这种方法能够帮助普通话学习者快速有效地改正尖音问题。但是,有些人在尖音改错实践中还会有这样的体会,就是舌面音三个声母j、q、x的改错难度似乎并不相同,在声母x的发音中,即使关注了舌尖的位置,将舌尖置于下齿背或者下齿龈的位置,尖音的问题似乎有时还是会产生。这是怎么回事,这种情况是否正常呢?在本讲当中,我们就针对尖音改错中的一个难点,声母x的舌尖化问题,进行一个深入的案例剖析。

一、难点:声母x舌尖化问题的案例分析

我国已故语言学大师徐世荣先生就曾把不按语音系统分"尖团"以及这种仅把声母x读作s,而j、q基本能发对的现象称为"纷乱的尖音"。可以说,辅音j、q发音时尖音问题较为轻

第四周 舌面音 j、q、x 的舌尖化问题

微,而辅音 x 却表现出了明显的尖音,这是一种非常普遍的现象。至于为什么会出现这种"纷乱的尖音",为什么声母 x 相较 j 和 q 来说更容易出现尖音的问题,甚至于我们主动将"捣乱的""无处安放的"舌尖放在了下齿背或下齿龈也收效甚微、于事无补呢?

其实这与 j、q、x 三个声母的发音方法不同有关。按照发音部位分类,j、q、x 三个声母同时被归为舌面音声母,但是如果按照发音方法分类,声母 j 则被称为不送气清塞擦音,q 为送气清塞擦音,而 x 叫作清擦音。与 j、q 相比,x 在发音方法上明显的不同就是 x 是一个擦音,而擦音的特点就是辅音成阻时候的发音部位并不真正接触,也就是说,x 与 j、q 相比,并没有舌面前部"抵住"硬腭前部的这个动作过程。学习者可以体会一下,在发 x 的时候,舌面前部在轻轻抬起的同时,只是"接近"了硬腭前部而不是"接触"硬腭前部,气流就是从这个"接近不接触"而形成的间隙中呼出的,这就是所谓的"擦音"。

由于擦音采用"只接近不接触"的发音方法,那么问题就来了,很多人形成"尖音问题"的原因从根源上讲并不是由于舌面成阻位置不准确,而是由于舌面缺乏应有的力度和灵活度。在这种情况下,在 j、q 的塞擦音发声中,由于舌尖主动抵住下齿背,客观上促进了舌面的隆起,增强了舌面的力度,相对来说就掩盖了舌面无力的缺陷。可是到了擦音 x,发音中没有了舌面的接触点作为支撑点,舌尖传导给舌面的力就显得无的放矢,这个时候,舌尖和舌叶一旦主动发力,就会导致舌面擦音 x 在发音上接近舌尖前音 s。我们在上一讲的最后提到,关注舌尖位置的方法对于尖音改错,特别是舌面清擦音 x 的改错来说,更像是

一剂催化剂,如果想要"标本兼治"地解决尖音的问题,仍然需要从根本上加强舌面的力度和灵活度。

二、谈声母的第二个分类维度——发音方法

普通话21个声母的分类,主要遵循两种维度,第一个维度是"发音部位",第二个维度是"发音方法",如表4-3所示。

表4-3 普通话声母总表

发音方法 \ 发音部位		唇音		舌尖前音	舌尖中音	舌尖后音	舌面前音	舌面后音
		双唇音	唇齿音					
		上唇/下唇	上齿/下唇	舌尖/齿背	舌尖/上齿龈	舌尖/硬腭前	舌面前/硬腭前	舌根/软腭
塞音	清音 不送气音	b[p]			d[t]			g[k]
	清音 送气音	p[pʻ]			t[tʻ]			k[kʻ]
塞擦音	清音 不送气音			z[ts]		zh[tʂ]	j[tɕ]	
	清音 送气音			c[tsʻ]		ch[tʂʻ]	q[tɕʻ]	
擦音	清音		f[f]	s[s]		sh[ʂ]	x[ɕ]	h[x]
	浊音					r[ʐ]		
鼻音	浊音	m[m]			n[n]			
边音	浊音				l[l]			

在《普通话声母总表》中,标记出了声母的两种分类的标准:按照发音部位分类和按照发音方法分类。声母是由辅音构成的,而辅音最大的特点就是在发音过程中气流在口腔当中受到阻碍,之后在除阻的一瞬间发出声音,所以对辅音的描述就自然而然地会着眼在这两个方面,一个是构成阻碍的部位,另外一个就是解除阻碍的方法。事实上,"构成阻碍的部位"就是发音

部位,"解除阻碍的方法"就是发音方法。

《普通话声母总表》的纵列是对 21 个声母发音方法的描述。21 个声母除去阻碍的方法分别为"塞音、塞擦音、擦音、鼻音和边音",在此基础上还有"清音和浊音"的区别,在塞音和塞擦音中还有"送气和不送气"的差别。

想要彻底弄清声母的发音方法,搞懂"塞音、擦音塞、擦音"之间的区别就显得尤为重要。简言之,三者的区别就在于形成阻碍的时候是否有接触,是不是需要"抵住"。如果有接触,除阻之后的两个发音部位之间的关系又是怎样的,是"彻底解除"还是"只留缝隙"?

表 4-4 塞音、塞擦音、擦音三者关系表

	是否接触	如何除阻
塞音	接触	彻底解除
塞擦音	接触	只留缝隙
擦音	不接触	保持缝隙

所谓"塞",即成阻的时候需要抵住、接触成阻;相对的,所谓"擦"即成阻部位之间不相接触而留有一条缝隙。"塞擦"的意思就是发音时候两个动作皆有之,发音部位之间先抵住成阻而后除阻时并不彻底解除,而是如"擦"一般地留有一条缝隙。

需要注意的是,在"塞音"和"塞擦音"中还存在"送气"与"不送气"的差别。一般来说,成对出现的塞音、塞擦音声母"b-p、d-t、g-k、j-q、z-c、zh-ch"都是第一个不送气,第二个送气。另外需要说明的是,"送气"与"不送气"实际上只是送气量多与少的表述,"不送气"只是送气量不大,而并不是真的不送气。

下面再来关注声母的"清浊"问题。"清浊"是指声带在辅音发音过程中是否主动震动,震动就是"浊音"、不震动就是"清音"。在现代汉语普通话中清音声母占了大多数,只有少数几个是浊音,实际上这也是汉语普通话更趋近于"乐音"的原因之一,如《普通话声母总表》显示,声带震动的浊音声母只有 m、n、l、r 四个。而在这四个音当中,有三个又可谓是声母中特立独行的"非主流音",它们分别叫作"鼻音"和"边音"。在上一周"n-l 不分"问题的讲解中我们讲过,"鼻音"就是发音时气流主要从鼻腔通过的辅音,在表 4-4 中只有 m 和 n 两个;"边音"指的是发音时气流从舌头两边呼出的辅音,对应的只有一个声母 l。

以上就是关于声母分类标准的解释,这张《普通话声母总表》值得普通话语音学习者仔细研究学习。

第十九天·练习材料·舌面音 j、q、x 绕口令练习

1.七加一,七减一,加完减完等于几?七加一,七减一,加完减完还是七。

2.稀奇稀奇真稀奇,麻雀踩死老母鸡,蚂蚁身长三尺六,八十岁的老头儿躺在摇篮里。

3.七巷一个漆匠,西巷一个锡匠。七巷漆匠偷了西巷锡匠的锡,西巷锡匠拿了七巷漆匠的漆。请问锡匠和漆匠,谁拿谁的锡?谁偷谁的漆?

第四周 舌面音 j、q、x 的舌尖化问题

4.请将九十七卷极细极细的细丝线,织成九十七个极小极小的小家雀。九十七个极小极小的小家雀,剪断九十七卷极细极细的细丝线,飞向极峭极峭的悬崖下。

5.县级小学的学生学习京剧,乡级小学的学生学习晋剧。县级小学学习京剧的学生想向乡级小学学习剧的学生学习晋剧,乡级小学学习晋剧的学生想向县级小学学习京剧的学生学习京剧。结果是县级小学学习京剧的学生向乡级小学学习晋剧的学生学会了晋剧,乡级小学学习晋剧的学生向县级小学学习京剧的学生学会了京剧。

第二十天

042001:舌面音j、q、x发音中常见的其他问题
042002:语音问题是否彻底改正需要在大单元语段中进行检验

在本周的前几讲,我们重点关注了"舌面音舌尖化"也就是"尖音"的问题,而除了"尖音"问题之外,在舌面音j、q、x的发音中,或者说在"尖音"问题的改错过程当中,还常常伴随其他语音问题的出现,比如"舌面音舌根化"的问题、舌面音声母"叼不住"的问题,等等。

一、舌面音j、q、x发音中常见的其他问题

1."舌面音舌根化"的问题

前文有述,舌面音声母j、q、x加入汉语大家庭的时间并不算太长,大概在清康熙年间,舌面音声母才由舌根音声母"腭化"而来,也就是由舌根音声母"舌根与软腭"的发音位置前移而来。与之相关的是,我们国家的有些方言如胶东半岛、辽东半岛、河南河北山区方言,发音时倾向于舌根使劲,其中一个表现

就是舌面音的发音位置相对靠后,有"舌面音舌根化"的色彩。另外,有些人在尖音改错过程中出现了矫枉过正的情况,如为了避免成阻位置"前移"而产生尖音,发音时舌位反而出现了"靠后"的情况。曾经有一部反映东北农村生活的电视连续剧《乡村爱情故事》红极荧屏,剧里有一个名叫"王木生"的角色,演员在塑造这个角色时,就将其语音面貌中的舌面音"舌根化"了,j、q、x 有明显的舌根音色彩,比如把"jiāojí(交集)"发成"giāokí"、把"jìnjūn(进军)"发成类似于"gìngǔn"的声音。

除此之外,舌面音的发音还容易出现舌面和硬腭接触面过大而出现杂音的现象。在发舌面音时,要求用舌面的前部抵住或接近硬腭前部,但有的人却是用整个舌体贴住硬腭前部,这样,舌面与硬腭接触面积太大,气流不畅通,在硬挤的情况下,就产生了杂音,使整个音节发音不清,甚至带有"舌面音舌根化"的色彩。事实上,声母的发音首先要求部位准确,在发音部位准确的前提下,舌面与硬腭的接触面积不要过大,当舌面离开硬腭时,动作要轻巧利落,减少舌面在口腔中因摩擦而产生的阻力。这就是我们既强调发音器官力度又要求发音器官的灵活度的意义之所在,舌头灵活了,舌面音就能够顺着气流很轻巧地摩擦而出,发出准确且动听的舌面音。

2.舌面音声母"叼不住"的问题

声母"叼不住"、字头"被吃掉"是音节中声母最常见的问题,究其原因就是因为发音者的"唇舌力度"不足,发音不够集中,有关这个问题是下一周要讨论的重点,而这个问题,在舌面音声母的发音中表现尤为突出。在生活中,我们不仅经常听到如"西安(xī'ān)"这样的零声母音节发音含混不清，而且如"北京(běijīng)""石家庄(shíjiāngzhuāng)"这样的完整声韵母音节，人们也常常将某些字的字头"吃掉"，听起来就像"北京(běiyīng)""石家庄(shiázhuāng)"一样，而造成语音含混的原因，仍然是由于发声者在舌面音声母 j、q、x 发音中的舌面无力而导致的，而舌面肌肉的训练确实属于语音学习中的一个难点。

二、语音问题是否彻底改正需要在大单元语段中进行检验

在本周学习的最后，我们首次为学习者带来一段大单元语段练习内容。大单元语段练习常常用来训练有声语言艺术表达者的表达技巧、情感运用等，是要求更高的综合训练。在普通话语音的学习中，学习者同样可以结合少量有针对性的大单元语段展开练习。本讲我们为大家带来的是国家普通话水平测试中一篇指定散文稿件——第 18 号作品《家乡的桥》，请练习者特别关注本篇稿件中大量出现的舌面音声母音节。另外，需要说明一点，就是普通话的学习虽然要从单音节、双音节的小单元开始，但是最终一定要放到大单元的语段中进行检验，回归到生活化的对话中进行检验，只有在注意力并不完全集中的情况下，在自然放松的状态下仍然不表现出语音问题，才称得上真正地掌握了流利和地道的普通话。

第四周　舌面音 j、q、x 的舌尖化问题

第二十天·练习材料·舌面音 j、q、x 大单元短文练习

普通话水平测试·短文朗读作品第 18 号：家乡的桥

　　纯朴的家乡村边有一条河,曲曲弯弯,河中架一弯石桥,弓样的小桥横跨两岸。

　　每天,不管是鸡鸣晓月、日丽中天,还是月华泻地,小桥都印下串串足迹,洒落串串汗珠。那是乡亲为了追求多棱的希望,兑现美好的遐想。弯弯小桥,不时荡过轻吟低唱,不时露出舒心的笑容。

　　因而,我稚小的心灵,曾将心声献给小桥:你是一弯银色的新月,给人间普照光辉;你是一把闪亮的镰刀,割刈着欢笑的花果;你是一根晃悠悠的扁担,挑起了彩色的明天! 哦,小桥走进我的梦中。

　　我在漂泊他乡的岁月,心中总涌动着故乡的河水,梦中总看到弓样的小桥。当我访南疆探北国,眼帘闯进座座雄伟的长桥时,我的梦变得丰满了,增添了赤橙黄绿青蓝紫。

　　三十多年过去,我带着满头霜花回到故乡,第一要紧的便是去看望小桥。

　　啊! 小桥呢? 它躲起来了? 河中一道长虹,浴着朝霞熠熠闪光。哦,雄浑的大桥敞开胸怀,汽车的呼啸、摩托的笛音、自行车的叮铃,合奏着进行交响乐;南来的钢筋、花布,北往的柑橙、家禽,绘出交流欢悦图……

　　啊! 蜕变的桥,传递了家乡进步的消息,透露了家乡富裕的

声音。时代的春风,美好的追求,我蓦地记起儿时唱给小桥的歌,哦,明艳艳的太阳照耀了,芳香甜蜜的花果捧来了,五彩斑斓的岁月拉开了!

　　我心中涌动的河水,激荡起甜美的浪花。我仰望一碧蓝天,心底轻声呼喊:家乡的桥啊,我梦中的桥!

第五周 发声中字头叼不住、吃字的问题

第五周学习内容

052101：字头叼不住、吃字问题的表现及成因

052102：解决字头叼不住、吃字问题的误区与路径

052201：从吐字归音的角度谈如何发好声母

052202：音节中声韵母与字头、字腹、字尾的关系

052301：普通话科学发声对字头、字腹、字尾的要求

052302："出字、立字和归音"与枣核型结构

052401：想要发好字头，需要做到"咬得准、叼得住、喷得狠"

052402：以典型的双唇音为例，谈找准"中纵部位"，使声音集中

052501：口部操之唇部练习——喷、咧、撇、绕

052502：发好声母是字音准确的关键，发好韵母是字音悦耳的保证

第五周 发声中字头叼不住、吃字的问题

第二十一天

052101：字头叼不住、吃字问题的表现及成因
052102：解决字头叼不住、吃字问题的误区与路径

本周的学习内容是有关"声母"学习的最后一部分，在本周之后，我们将转向普通话语音"韵母"方面的学习。在本周，我们将讨论和解决发声中字头叼不住、吃字的问题。看到"字头""吃字"等字眼，首先会让人联想到"吐字发音""播音发声"的相关知识，乍一看似乎与声母无关，而实际上，本周的学习是一个从播音发声、科学发声的角度来谈普通话语音问题的典型案例。其实，普通话语音的学习和科学发声是不能割裂的，掌握基础的科学发声方法是说好普通话的重要基础和保障。

一、字头叼不住、吃字问题的表现及成因

在我们的日常交流中，总是会遇到一些说话含混不清的人，比如老北京人说话似乎就给人一种慵懒、张不开嘴的感觉。

北京话喜欢吃字，常常会把"天安门（tiān'ānmén）"读作"天（安）门（tiānmén）"，把"大栅栏（dàshílà）"读作"大（栅）栏

(dàrilà)"，把"西红柿(xīhóngshì)"读成"胸柿(xiōngshì)"，即把三字词中间一个字的声母"吃掉"，在句子中，也会出现某些字的声母在发音时候被忽略的情况。

其实"吃字""字头叨不住"的情况不只是北京话的"专利"，举个例子，以下这一情景几乎可以说是很多人的集体回忆了：在学习的课堂上，你好像总是听不清老师念答案时候说的是 B 还是 D，以至于很多老师甚至会用汉语拼音的读法——bo 和 de——取而代之。说到底，造成这种现象的原因就是因为音节中的声母在发音中处理得不够好，而造成声音散漫、缺乏力度、字音含混不清的主要原因则是表达者的双唇和舌体的力度不够，即"唇舌无力"。

普通话语音学习者应该从吐字归音的角度去实现唇舌力度的提升，从主观上意识到"双唇"的控制是发声准确的一道保障，意识到"舌体"的运动是吐字清晰的重要基础。而在这之前，我们先来解释一个误区，明确正确的训练路径。

二、解决字头叨不住、吃字问题的误区与路径

1.误区——使"拙劲"

有"唇舌无力"问题的人，自然希望自己"唇舌有力"，为了实现这个目的，很多人想到的解决方法自然是"使劲儿"——舌头用力、双唇用力，声母发音的时候拉长发音部位的成阻时间，加大发音部位的成阻面积，希望通过这样的方式实现发音的准确清晰。但是实际上，这种使"拙劲"的方式是不能达到"唇舌有力"的效果的，只会使咬字器官丧失灵活性。如果舌面和舌根紧张不松弛，会使声音听起来笨拙不堪，甚至会给人一种"大

舌头"的感觉,带来发音方面的其他问题。

2.路径——声音"集中"

相对于通过使出"拙劲"加强唇舌力度的方法,练习者更应该寻求一种声音"集中"的感受,通过对声音集中度的追寻,最终达到练习的目的。

普通话语音学习者应该对"集中"这个词并不感到陌生,播音发声对于吐字归音的最高要求就是"准确、清晰、圆润、集中、流畅"。但是这里谈到的"集中",更多的是指发声中声音要有目标感,有明确的距离感,有很强的对象感和交流感,表达者需要拥有能够穿透杂音,"声声入耳"的能力,尤其是在指向性电声话筒前的有声语言传播活动中,集中的声音更易入耳,更能唤起受众的注意。这个维度的"集中"实际上是对有声语言表达者的声音提出了总体上的高要求。除此之外,在解决"字头叼不住""吃字"问题的讨论中,"集中"的要求还更具体地体现在对于咬字器官的要求上,比如在双唇音的发音中要尽量将力量集中于唇的三分之一处,在舌尖中音的发音中寻求舌尖在齿龈中纵点上的弹发等。对于集中度的追求,可使声音不散不乱,而非粗犷直接地"使出拙劲",以"集中"带力度,最终实现字头叼住、字音清晰。

第二十一天·练习材料·声音集中度无调拟声音节练习

第二十一天

ba-da-ga
pa-ta-ka

ba-ma-fa
zha-cha-sha
na-la-la
za-ca-sa
peng-pa-pi-pu-pai

第五周　发声中字头叼不住、吃字的问题

第二十二天

052201：从吐字归音的角度谈如何发好声母
052202：音节中声韵母与字头、字腹、字尾的关系

在上一讲当中我们谈到，掌握科学发声方法是说好普通话的重要基础和保障，那么发声训练和普通话学习之间究竟是怎样的关系，吐字归音又是怎样和普通话语音的声韵音节进行对应的，"字头"就等于"声母"吗？这些疑问，我们会在本讲当中进行解答。

一、从吐字归音的角度谈如何发好声母

我们常常提及的"吐字归音"实际上并不是播音主持艺术专业的原创，这种发声方式最早见于明朝之前的传统戏曲声乐艺术当中，而后在漫长的岁月中才逐渐被歌唱、话剧乃至播音主持艺术等艺术形式所借鉴，为人们所熟悉。根据汉语语音特点，"吐字归音"将一个音节的发音过程分为"出字""立字"和"归音"三个阶段。相对应的，一个汉字因其音节的发音过程，就被赋予了"字头""字腹"和"字尾"三重属性。"字头的出字""字

腹的立字"以及"字尾的归音",通过对每一阶段的精心控制,使吐字达到清晰有力、珠圆玉润的境界。更加具体来说,"吐字归音"作为一种发音方法,要求发声者:"字头的出字"要叼住弹出、蓄气有力;"字腹的立字"要圆润饱满、拉开立起;"字尾的归音"要弱收到位、干净利落。

通过以上对"吐字归音"的介绍,我们发现,科学发声中对于"字头""出字"的要求正是解决普通话语音学习中"吃字""说不清话""唇舌无力"问题的好方法,因而,我们可以从吐字归音的角度来尝试发好普通话音节中的每一个声母。

二、音节中声韵母与字头、字腹、字尾的关系

接下来,我们通过一个图(图5-1)来说明在普通话语音的一个音节中,"声母与韵母"和吐字归音中"字头、字腹、字尾"之间的对应关系。

普通话语音 声韵拼合	声母	韵母		
	声母	韵头	韵腹	韵尾
科学发声 吐字发声	字头	字腹		字尾
示例音节 光·guāng	g	u	a	ng

图5-1 声韵母与字头、字腹、字尾对应关系图

第五周 发声中字头叼不住、吃字的问题

通过图6我们发现,在一个汉字所对应的一个音节中,"声母与韵头"共同构成了"字头"——在这里需要注意的有三点:(1)汉语普通话中充当韵头的音素有 i、u、ü 三个;(2)当音节为零声母,也就是音节不包含声母时,韵头便会充当"代声母"的角色,因而具备了"字头"的属性;(3)"代声母"在汉语拼音的书写中会以"y、w"的形式出现,但是它们实际上并不是声母,而只是充当了"代替声母的韵头"。而除去韵头,韵母还包括韵腹和韵尾:"韵腹"是音节当中音程最长、音色最响亮、发音中口腔开度相对最大的音素,对应的便是一个字的"字腹",顾名思义,"字腹"的发声就像一个字的"肚子"一样,又大又圆;"韵尾"对应的则是一个字的"字尾",在现代汉语普通话当中,能够充当韵尾的音素包括三个元音音素 i、o、u 以及两个鼻辅音音素 n 和 ng。

需要说明的是,一个汉字并不一定包含了完整的字头、字腹和字尾三部分,我们时常会遇到不含声母,或者不含韵头,抑或不含韵尾的音节,只有韵腹在一个音节中是必不可少的。接下来的这张表格(表5-1),以一个最为典型的生活场景八字小句子"我有一双爱心女鞋",呈现了汉语拼音的八种不同构成组合方式。学习者只要记住这个简单的句子,再对应表5-1,就能搞清楚每个汉字的"字头、字腹、字尾"分别是什么,为进一步学习"出字、立字和归音"打牢基础。

表 5-1　汉语拼音的"字头、字腹、字尾"构成

	声母	韵母			组合类型
		字头	字腹	字尾	
	声母	韵头	韵腹	韵尾	
我 wǒ(uǒ)		u	o		
有 yǒu(iǒu)		i	o	u	
一 yī(ī)			i		
双 shuāng	sh	u	a	ng	
爱 ài			a	i	
心 xīn	x		i	n	
女 nǚ	n		ü		
鞋 xié	x	i	e		

第二十二天·练习材料·七组声母的四音节词语练习

双唇音 b、p、m

b：百发百中　包罗万象　暴跳如雷　跋山涉水

p：旁观者清　跑马观花　披星戴月　平心静气

m：满面春风　莫名其妙　默默无闻　埋头苦干

唇齿音 f

f：发扬光大　风平浪静　风吹草动　翻来覆去

舌尖中音 d、t、n、l

d：调虎离山　顶天立地　德高望重　大刀阔斧

t：谈虎色变　铁证如山　脱颖而出　通宵达旦

第五周　发声中字头叼不住、吃字的问题

n：　南腔北调　　难分难解　　弄假成真　　怒发冲冠
l：　来者不拒　　离题万里　　落花流水　　两全其美

舌根音 g、k、h

g：　广开言路　　高谈阔论　　纲举目张　　感人肺腑
k：　康庄大道　　可歌可泣　　空前绝后　　口若悬河
h：　海阔天空　　华灯初上　　豪情壮志　　汗马功劳

舌面音 j、q、x

j：　皆大欢喜　　惊天动地　　见景生情　　解放思想
q：　千载难逢　　求同存异　　恰如其分　　巧夺天工
x：　喜出望外　　细水长流　　心花怒放　　弦外之音

舌尖前音 z、c、s

z：　自得其乐　　再接再厉　　责无旁贷　　纵横交错
c：　沧海桑田　　草草了事　　寸步难行　　草木皆兵
s：　司空见惯　　丝丝入扣　　四面楚歌　　随机应变

舌尖后音 zh、ch、sh、r

zh：　掌上明珠　　郑重其事　　珠圆玉润　　争先恐后
ch：　触类旁通　　畅所欲言　　长篇大论　　成竹在心
sh：　深入人心　　神采奕奕　　双管齐下　　身价百倍
r：　入情入理　　热血沸腾　　燃眉之急　　若无其事

第二十三天

052301：普通话科学发声对"字头、字腹、字尾"的要求
052302："出字、立字和归音"与枣核型结构

在上一讲当中,我们谈到了"字头、字腹、字尾"与音节中声韵母的对应关系:字头包括了声母和韵头;字腹指的就是韵腹,也就是主要韵母或主要元音;字尾就是韵尾,是音节最后的部分。这样一来,通过对汉字音节进行"字头、字腹、字尾"的划分,就能够更加有的放矢地对发音中的各个环节进行有效的控制,进而将整个音节发清晰、发准确。在本讲当中,我们继续从吐字归音的角度来学习普通话科学发声对"字头、字腹、字尾"的要求,并提出一个与之相关的形象比喻——"枣核型结构"发音法。

一、普通话科学发声对"字头、字腹、字尾"的要求

普通话科学发声对"字头、字腹、字尾"的要求总结成一个口诀就是:字头叼住弹出、蓄气有力;字腹拉开立起、圆润饱满;字尾弱收到位、干净利落。

第五周 发声中字头叼不住、吃字的问题

下面以示例音节"光（guāng）"来解释这个发声口诀：首先，声母 g 与韵头 u 构成了"光"这个汉字的"字头"，想要将这个字头发清发好，依照口诀就应该"叼住"再"弹出"，同时结合发声中的气息控制"蓄气有力"。简单来讲，辅音的发声往往在整个音节中表现为一个又轻又短的调子，辅音音素"轻和短"的属性就注定了其容易淹没在语流当中的命运，因而，所谓"叼住"即在发声时间较短的先天不足前提下，通过"成阻准确、接触有力、发声集中"等方式保证清晰度和准确度，保证辅音对整个音节应有的影响，通过"叼"找到一种"使巧劲儿"的感觉。其次，音节 guāng 的字腹为 a，a 是该音节的主要元音，在整个音节当中发音音程最长，口腔开度相对来说也应该最大，因而，发声者应该充分调动主观能动性，通过提颧肌、打牙关、挺软腭、松下巴等方式将字腹"拉开立起"，以实现整个音节的"圆润饱满"。可以说，韵腹是否能够发好是整个音节是否悦耳动听的关键所在。普通话科学发声对字尾的要求是"弱收到位、干净利落"，这主要是提醒发声者在音节的末尾不可拖泥带水，也不可省去音节末尾的音素，尤其是前后鼻音处在音节末尾时，要特别注意舌位的变化。

有关普通话科学发声对字头、字腹和字尾"出字、立字、归音"要求，我们介绍一个形象的比喻，它可以更好地帮助发声者通过主观联想，进行更准确和有效的表达和交流。

二、"出字、立字和归音"与枣核型结构

所谓"枣核型结构"实际上是对"出字、立字、归音"的一个具体和形象的比喻，大家可以展开想象的翅膀进行联想，现实生

活中的枣核就是两头尖小,中间有个大肚子的形象,这不就是"字头叼住弹出、字腹拉开立起、字尾弱收到位"结合起来呈现出的意象吗？实际上,汉语发音呈现为一个枣核形的想象最早来源于我国明清时期民间说唱艺人对吐字过程的形象描述,如图 5-2 所示。

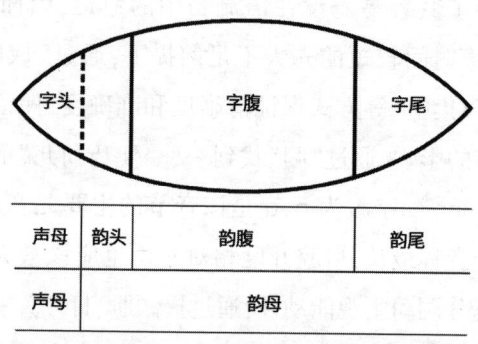

图 5-2　枣核型结构示意图

进一步讲,"枣核型结构"两头小中间大的形象,还揭示了吐字发声时音节各部分"口腔开合"的程度以及它们所占"时值"或是"音程"的长度。我们仍以示例音节"光（guāng）"为例进行说明,音节 guāng 的字头是声母 g 和韵头 u,字尾是后鼻音 ng——请注意,在这个音节中字头和字尾都由两个字母构成,而字腹却只有 a 这一个字母,而在整个音节的发声中,字腹 a 在音程上占了非常大的比重,字头 gu-和字尾-ng 却只占了发音时值上很少的一部分,它们的作用更多的是保证这个字音的准确,使得 guāng 不会被人听成 kuāng 或是 guān 等错误音节。

在明白了枣核形结构的意义之后,我们来介绍一种通过延长发音时值来充分感受枣核形结构的夸张练习法。具体的做法是使用延长发音时间的方法来夸张地发出一个完整音节,把握枣核形两头小中间大的特点,让音节的每个组成部分都充分展开,这样的方法有利于练习者体会字头叼住弹出的轻盈迅速,字腹拉开立起的清晰饱满,至于字尾的归音,应尽量尝试将字尾音素慢慢地归到位,体会字音的收束感。其实,在普通话语音日常的练习和改错过程当中,学习者常常会有这样一种体会,就是读得越快越不容易使问题充分地暴露,反而放慢节奏去发声,语音问题才会百分百地暴露出来。因此,如果在延长发音时值的夸张练习中能够将语音发准发好,才真正说明改错者掌握了这个要点,改正了其中的语音错误。

第二十三天·练习材料·七组声母的简单绕口令练习

双唇音·b、p、m

炮兵步兵攻打八面坡,炮兵排排炮弹齐发射。步兵逼近八面坡,歼敌八千八百八十多。

唇齿音·f

老方扛着个黄幌子,老黄扛着个方幌子,老方要拿老黄的方幌子,老黄要拿老方的黄幌子,老黄老方不相让,方幌子碰坏了黄幌子,黄幌子碰坏了方幌子。

舌尖中音·d、t、n、l

白石塔,白石搭,白石搭白塔,白塔白石搭,搭好白石塔,白塔白又大。

舌根音·g、k、h

哥哥过河捉个鸽,回家割鸽来请客,客人称鸽吃鸽肉,哥哥请客乐呵呵。

舌面音·j、q、x

氢气球,气球轻,轻轻气球轻擎起,擎起气球心欢喜。

舌尖前音·z、c、s

三哥三嫂子,借我三斗三升酸枣子,等我收了酸枣子,一定还给三哥三嫂子这三斗三升酸枣子。

舌尖后音·zh、ch、sh、r

四是四,十是十,十四是十四,四十是四十。十不能说成四,四不能说成十。

第五周 发声中字头叼不住、吃字的问题

第二十四天

052401：想要发好字头，需要做到"咬得准、叼得住、喷得狠"
052402：以典型的双唇音为例，谈如何找准"中纵部位"，使声音集中

在本周，我们来学习从吐字归音的角度找到发好字头的方法。具体来说，普通话科学发声要求字头要叼住弹出、蓄气有力。前文中我们简单提到，所谓"叼"字头是一种"使巧劲儿"的感觉，它要求在声母发声时间短促前提下，通过"成阻准确、接触有力、发声集中"等方式保证音节的清晰度和准确度。那么，如何找到准确的"叼"的感觉呢？总结起来，学习者需要做到九个字——"咬得准、叼得住、喷得狠"。

一、想要发好字头，需要做到"咬得准、叼得住、喷得狠"

1.咬得准

所谓"咬得准"，是要求普通话学习者在每个声母的发音中，首先需要做到的就是找准发音部位，这是字音准确的前提和基石。我们已经多次讲过，普通话的21个声母按照发音部位可

以分为7组,分别是双唇音 p、b、m;唇齿音 f;舌尖中音 d、t、n、l;舌根音 g、k、h;舌面音 j、q、x;舌尖前音 z、c、s 和舌尖后音 zh、ch、sh、r。每一组音都有其约定俗成的正确发音部位(具体的发音部位描述请参考前文的表1—1),想要学好普通话、发好声母,第一步就是要找准这些成阻部位,这就是"咬得准"。

2.叼得住

"叼字头"这个说法最早见于我国的曲艺界,曲艺界还有一个关于叼字头的生动比喻,说咬字叼字头就像"母老虎叼小老虎跳过山涧",意思是"叼"这个动作是个巧劲儿,不能太狠也不能太松——叼得太紧了,恐把小老虎咬死了;叼得太松了,小老虎又有可能掉下山涧。回到普通话科学发声的学习中,叼字头也是这个道理,发音者咬合无力,就显得有声无字;叼得过狠了,又显得字拙。

正确的"叼住"具体指声母的成阻阶段,它要求发声者:(1)字头要有力,要求成阻的肌肉有一定的紧张度,阻气有力,蓄气充足;(2)声母的唇形要合适,一般来说,声母的发音对唇形并没有特殊的要求,但是当声母与韵母结合组成语流中的音节时,特别是与"齐齿呼""合口呼""撮口呼"韵母相拼合时,声母的发音也需要在唇形上稍加注意;(3)我们在本周第一讲就谈到了"集中"的重要性,其实很多人感觉咬不住、叼不住字,并不是因为使的劲不够大,反而有的时候是由于使劲太大、太拙了,叼不住字的原因在于发音者的力量不够集中。具体来说,叼字的力量应该集中在相应部位的中纵部位,而不是满口用力。关于发声集中,下一节我们会以典型的双唇音进行示例讲解。

第五周　发声中字头叼不住、吃字的问题

3. 喷得狠

普通话科学发声对字头的要求为"叼住、弹出",我们刚刚提到,"叼住"指的是发音的成阻阶段,"弹出"对应的则是出字和除阻的阶段。从某种意义上讲,叼住就是为了弹出,叼住弹出是不可分割的整体,是在瞬间完成的,切不可叼住不弹出。在实际发音中叼住不弹出的现象屡见不鲜,有的时候会给人一种大舌头的感觉,但其实造成这种听感的原因并不是生理上的缺陷,而恰恰就是因为弹出得不及时,除阻过程不够快速。

我国戏曲界在唱和念的功夫中,有一种传统的说法叫"喷口",要求声母发音要有足够的爆破感,实际上就是指字头的发音要有力和集中。在普通话语音发声中,非常容易出现的一个问题就是声母的爆破感不强,这常见于双唇音和舌尖中音的发音中。它会造成整个字甚至整段话都显得力度不足,每个字都立不起来。锻炼和改正的方法,一是从根本上加强唇舌力度,二是可以多练习相应的绕口令和小单元字词。

二、以典型的双唇音为例,谈如何找准"中纵部位",使声音集中

我们以典型的双唇音为例,谈一谈如何通过找到发音的"中纵部位"而使声音更集中,最终叼住字头,不吃字。

在双唇音声母 b、p、m 发音时,发音者可以尝试将自己的一根食指竖放在唇最中间的三分之一处,这里就是双唇的"中纵部位",之后将食指向前稍微挪动,到离唇半拳左右的距离。这

个时候,在双唇音发音之前,尽量通过主观感受、意念引领,使口腔力度向唇部集中,再将唇部力量向中纵集中,以离唇半拳距离的食指为发力着落点,蓄气成阻,爆破发声,反复进行,其间充分体会力量的集中感,感受声音的集中度,最终找到"叼字头"所要求的"举重若轻"的巧劲儿。

第二十四天·练习材料·双唇音小单元练习及"叼字头"的三个入门级绕口令

第二十四天

b

单音节:八 报 杯 博 笔 表 布 遍

双音节:本部 辨别 不必 病变 保镖 北部

四音节:百发百中 包罗万象 暴跳如雷 跋山涉水

p

单音节:怕 盆 瀑 批 跑 贫 颇 湃

双音节:品评 偏僻 澎湃 攀爬 匹配 皮袍

四音节:旁观者清 跑马观花 披星戴月 平心静气

m

单音节:马 贸 迷 磨 敏 某 幕 免

双音节:买卖 命名 盲目 密码 美妙 面膜

四音节:满面春风 莫名其妙 默默无闻 埋头苦干

第五周 发声中字头叼不住、吃字的问题

练习"叼字头"的三个入门级绕口令

1.练习双唇力量

八百标兵奔北坡,炮兵并排北边跑,炮兵怕把标兵碰,标兵怕碰炮兵炮。

2.练习舌尖弹发

调到敌岛打特盗,特盗太刁投短刀,挡推顶打短刀掉,踏盗得刀盗打倒。

3.练习舌根弹发

哥挎瓜筐过宽沟,赶快过沟看怪狗,光看怪狗瓜筐扣,瓜滚筐空哥怪狗。

第二十五天

052501：口部操之唇部练习——喷、咧、撇、绕
052502：发好声母是字音准确的关键，发好韵母是字音悦耳的保证

在普通话语音学习中，声母集中、字头叼住、发音准确的重要保障之一毋庸置疑是唇舌的力度，而加强唇舌力度最简单易行的方法就是坚持练习口部操。有关口部操舌部练习的部分我们已经在前文详细讲过了，在普通话语音声母问题讲解的最后一讲，我们来完成口部操之唇部练习的学习。

一、口部操之唇部练习——喷、咧、撇、绕

一般认为，口部操的唇部练习比舌部练习更有难度，原因是大多数人双唇以及双唇周围的肌肉并不像舌头那样灵活和发达。但是和舌部练习相比，口部操的唇部练习一共只有四个小节，相对来说少了很多。另外，口部操的唇部练习锻炼的并不仅仅是上下唇这两片薄薄的肌肉，还包括双唇周围甚至整个脸颊的肌肉。接下来，我们就以口部操唇部练习"喷、咧、撇、绕"的

顺序为大家分步骤讲解。

1. 喷

唇部练习的第一节叫作"喷",又叫"双唇打响",具体的做法是:双唇紧闭,不收唇不抿唇,自然地将唇的力量集中于唇部中央的三分之一部位,也就是中纵部位,蓄气之后突然打开,发出送气双唇辅音 p[p'],反复、匀速、有控制地完成多次同样的动作,直至完成"喷"的整个一节,普通话语音学习者需要在"喷"的练习中充分体会集中在唇处力量的爆发(具体练习方案请参看本节末尾的练习部分)。

"喷"这一节可以说是口部操唇部练习中最为重要的一节,因为"喷"直接对应了双唇音声母 b、p、m,直接决定了双唇声母发音是否有力,"喷口"是否干净利落,字头能否叼住、是否集中,所以练好"喷"就显得尤为重要。

2. 咧

第二节"咧"实际上包含了双唇"噘起向前"和"咧开向后"两个连续的动作,具体的做法是:先将双唇闭紧,然后向前噘起,在闭唇的状态下尽量向前噘起,之后再匀速地、有控制地、用力地向两边展开,反复进行训练。在本节的练习中,练习者可以充分展开联想,例如咧唇收回时想象嘴角的两边向耳根无限靠近,通过这样的方式使肌肉充分拉伸,得到锻炼。但是需要特别注意的是,在这一节的练习过程中上下唇是不能松开的。

3. 撇

第三节是"撇",这一节相对来说比较简单,具体的做法是:

同样先将双唇闭紧,向前微噘,然后分别努力地向左歪,之后再向右歪,反复进行。在"撇"的练习中,初学者往往会感到自己面部两侧的肌肉发达程度并不均衡,表现为两边撇开的幅度不同。这种情况在练习的初期实属正常,由于每个人咀嚼习惯的差异,大多数人都会表现为脸颊某一侧肌肉比另一侧更发达,通过口部操的练习可以使发声器官的肌肉控制更趋于均衡。

4.绕

唇部练习的最后一节叫作"绕","绕"这一节做起来相对来说有些难度,具体的做法是:双唇闭紧向前噘起,然后向左向右分别做360度的转圈运动,更直观一些表述就是,想象自己噘起的双唇是圆规的转动轴,用双唇作为一点向顺时针和逆时针方向分别画圆圈,反复匀速进行。

在实践中,如果你发现自己不能顺利完成绕唇的动作,或者只能够完成一侧的绕唇动作,那就说明你的唇部肌肉需要整体加强或是加强平衡了。

二、发好声母是字音准确的关键,发好韵母是字音悦耳的保证

到本讲为止,有关普通话语音中声母的问题,我们一共讨论了五个,分别是"平翘舌不分"的问题、"舌尖前音齿间化"的问题、"舌尖中鼻音 n 与舌尖中边音 l 不分"的问题、"舌面音舌尖化"的问题以及"字头叼不住、吃字"的问题,这些问题几乎是全国各地各个方言区的人们语音面貌中最常见的问题。除此之外,诸如"r-l 不分""f-h 不分""k-h 不分"等语音问题,并不像

第五周　发声中字头叼不住、吃字的问题

上面提到的几个问题那样具有普遍性,因而我们没有在本书中展开讨论。但是通过之前五周的学习,如果学习者掌握了一些声母改错的一般方法,如最基础的从发音部位角度重塑声母发音的方法,用带音法引导出自己不熟悉的发音位置的方法等,就可以使用这些方法尝试解决自己较为个性化的声母发音问题。

另外,通过对声母的持续学习和关注,特别是从吐字归音的角度重新认识声母之后,我们会发现,由于声母由辅音构成且居于整个音节的开头部分,因而可以说,声母发音的准确程度对于普通话语音规范和准确程度的影响,相较韵母而言显得更为重要。声母发不好往往会直接造成语义上的歧义,基于此,普通话语音学习者应首先重视声母的纠音和改错。从下一周开始,我们将进入韵母部分的学习,如果说发好声母是字音准确的关键,那么可以说,发好韵母就是字音圆润饱满、悦耳动听的关键和保证。韵母其音程更长、构成更复杂,想要"拉开立起""归音到位",需要学习的知识还有很多。

第二十五天·练习材料·口部操唇部练习

第一节：喷　连续喷三到五次为一小节,连续完成三小节即认定为本节完成。每小节之间做简单休整,每小节之内要求对唇的肌肉进行控制,尽量保持匀速进行,之后反复练习。

第二节：咧　双唇紧闭向前噘起,随后再向后咧开,连贯完成以上动作三次为一个小节,完成三小节即认定为本节完成。每小节之间做简单休整,每小节之内"噘"与"咧"的动作均保持唇部的控制,并始终保持匀速进行。

第三节:撇   向左撇唇一次接向后撇唇一次,完成以上连贯动作为一个小节,连续完成三个小节即认定为本节完成。每小节之间做简单休整,每小节之内要求对撇唇的速度进行控制,尽量保持匀速。

第四节:绕   顺时针绕唇三圈,接逆时针绕唇三圈为一个小节,连续完成三个小节即认定为本节完成。每小节之间做简单休整,每小节之内要求对绕唇速度进行控制,尽量保持匀速。

第六周　前鼻音韵尾 n 和后鼻音韵尾 ng 不分的问题

第六周学习内容

062601：什么是前后鼻音，前后鼻音不分的具体表现是什么

062602：认识容易混淆的对位前后鼻音

062701：普通话中的三类鼻音及其成阻部位

062702：前后鼻音在发音方法上的四个不同

062801：利用声母发音位置找准前后鼻音发音位置的好方法

062802：检测鼻韵尾是否归音的实用妙招

062901：什么是鼻韵尾不归音的问题

062902：普通话中可以充当韵尾的音素有哪些

062903：解惑：在缺省韵尾的情况下是否仍需归音

062904：通过古代诗歌十三辙来练习韵尾的归音

063001：通过"起落音有机连线法"找寻前后鼻音的正确发音

063002：小单元四音节词语练习的意义及四音节的轻重格式

第六周 前鼻音韵尾 n 和后鼻音韵尾 ng 不分的问题

第二十六天

> 062601：什么是前后鼻音，前后鼻音不分的具体表现是什么
> 062602：认识容易混淆的对位前后鼻音

从本周起，我们开始转向普通话语音韵母部分的学习。那么，相较于声母中最常见的语音问题是"平翘舌不分"，韵母中最为普遍的问题就应数"前后鼻音不分"了。在本周的学习中，我们将详细讲解前后鼻音的具体表现、鼻音的发音方式、从韵尾归音的角度认识前后鼻音等问题，通过利用相关声母的发音位置找准前后鼻音归音位置、运用古代诗歌十三辙体会韵尾的归音、延长音程的夸张音节练习等方法，改正普通话语音学习中前后鼻音不分的问题。

一、什么是前后鼻音，前后鼻音不分的具体表现是什么

关于鼻音，我们曾经在前文的"舌尖中鼻音 n 和舌尖中边音 l 不分"的讲解中简单提到，鼻音发音时，口腔气流通道受到

阻塞,伴随着软腭的下垂,鼻腔通路打开,使气流主要从鼻腔呼出。按照发音方法分类,鼻音是辅音的一种。那么什么是"前后鼻音"呢?实际上前后鼻音指的就是普通话语音39个韵母中的16个鼻韵母。我们把带鼻尾音的韵母简称为鼻韵母,也就是由一个元音音素加上一个鼻辅音音素作为韵尾所构成的复合韵母。更通俗地说,前后鼻音就是汉语拼音当中以"n"或者"ng"作为结尾的音节,以"n"结尾的就是前鼻音,以"ng"结尾的就是后鼻音。

我们刚刚谈到,由于发鼻辅音时软腭下降,气息大部分会通过鼻腔通路呼出,产生强烈的鼻腔共鸣,因而前后鼻音在发音上最大的特点就是带有明显的鼻音色彩、产生鼻音震动。学习者可以通过一个小实验进行体会:请轻轻捏住自己的鼻子,或者把手指放在鼻翼两侧,然后连续发出 an、ang——当发出以 an、ang 为代表的鼻韵母时,我们能够体会到非常明显的鼻翼震动,而这种感受是在发非鼻韵母时所体会不到的。

那么"前后鼻音不分"问题的具体表现是什么呢?笼统来说,大致可分为"前鼻音后鼻化"和"后鼻音前鼻化"两种。举例来讲,在我国的方言体系当中,山陕地区和广大的西北地区,往往缺失了一部分前鼻音,比如有些地方没有 an 这个音,有时会把"干(gān)裂"说成"肛(gāng)裂",这就容易闹笑话;更多的地方发不出前鼻音 in,"温(wēn)馨(xīn)"往往读成"翁(wēng)星(xīng)"。相对的,在我国广大的南方地区,很多方言中普遍缺失后鼻音。互联网上有一个段子流传甚广,说有一位贵州的朋友,她的职业是指导别人膳食搭配的"营养师",但是她很苦恼跟别人谈及自己的职业,因为每次从她嘴里说出来的都好像是"阴阳师"一样。很显然,这种尴尬正是由于这位营养师的方言体系中缺失了后鼻音 ing 所导致的。

二、认识容易混淆的对位前后鼻音

现代汉语普通话当中的前后鼻音韵母一共有 16 个,分别是前鼻音韵母 8 个:an、en、in、ün、ian、uan、uen、üan;后鼻音韵母 8 个:ang、eng、ing、ong、iang、uang、ueng、iong。前鼻音与后鼻音的 16 个韵母,基本上呈现出一种两两对应的对位音关系,如表 6-1 所示。

表 6-1 前后鼻音对应表

前鼻音	后鼻音
an	ang
en	eng
in	ing
ün	iong
	ong
ian	iang
uan	uang
uen(un)	ueng(weng)
üan	

因而,前鼻音不分的问题就大致表现为 an-ang 不分、en-eng 不分、in-ing 不分、ün-iong 不分、ian-iang 不分、uan-uang 不分、uen-ueng 不分的问题,其中最主要的是 an-ang、en-eng、in-ing 不分的问题,读准这三组最常见的对位音,前后鼻音不分的问题基本上就得到了解决,这也是我们在本周学习中着重努力的方向。

第二十六天·练习材料·前后鼻音单音节、双音节词语练习

第二十六天 an

单音节：办 懒 盘 刊 蛋 伞 咱 番

双音节：赞叹 谈判 湛蓝 懒汉 判犯 坦然

en

单音节：笨 盆 门 粉 亘 肯 痕 嫩

双音节：振奋 根本 沉闷 认真 审慎 愤恨

in

单音节：品 民 拎 您 尽 寝 心 鬓

双音节：彬彬 贫民 近亲 新品 聘金 民心

ün

单音节：俊 裙 讯 晕 君 巡 群 韵

双音节：均匀 军训 循循 菌群 芸芸

ang

单音节：棒 蟒 旁 芳 荡 躺 囊 张

双音节：张榜 帮忙 放荡 厂房 党章 昂扬

eng

单音节：蹦 捧 萌 风 瞪 疼 冷 庚

双音节：逞能 征程 丰盛 生猛 更正 风筝

ing

单音节：硬 饼 瓶 丁 庭 泞 醒 庆

双音节：姓名 娉婷 定情 佞幸 秉性 情性

第六周 前鼻音韵尾n和后鼻音韵尾ng不分的问题

ong

单音节：痛 红 工 陇 动 农 通 哄

双音节：瞳孔 恐龙 农工 隆重 通用 轰隆

ian

单音节：变 免 钱 拈 线 减 连 篇

双音节：变迁 先见 简练 年限 脸面 棉签

uan

单音节：赚 款 环 关 段 喘 孪 栓

双音节：专断 官宦 贯穿 乱转 传唤 宽缓

uen

单音节：棍 捆 浑 抡 炖 屯 纯 准

双音节：困顿 论文 温存 滚轮 昆仑 混沌

üan

单音节：卷 权 园 宣 怨 捐 犬 渊

双音节：涓涓 全权 轩辕 源泉 渊源 卷圈

iang

单音节：酿 两 强 江 象 养 墙 娘

双音节：洋相 湘江 娘娘 良将 响亮 踉跄

uang

单音节：望 谎 狂 光 壮 爽 床 汪

双音节：狂妄 双簧 状况 装潢 黄光 框框

ueng
单音节:翁 瓮 蕹
双音节:老翁 蕹郁 渔翁 瓮中捉鳖 水瓮

iong
单音节:兄 琼 用 雄 茕 敻 涌
双音节:汹涌 炯炯 熊熊 茕茕 平庸

第六周　前鼻音韵尾 n 和后鼻音韵尾 ng 不分的问题

第二十七天

062701：普通话中的三类鼻音及其成阻部位
062702：前后鼻音在发音方法上的四个不同

本讲当中，我们将从发音部位和发音方法的角度再来认识前鼻音和后鼻音韵尾。按照鼻音的成阻部位分类，普通话中一共包含三类鼻音：双唇鼻音、舌尖鼻音和舌根鼻音。舌尖鼻音和舌根鼻音分别充当了前鼻音和后鼻音韵尾，从发音方法的角度，我们尝试从舌位前后、口型开合、发声位置和气息通路四个方面来细观前后鼻音的不同。

一、普通话中的三类鼻音及其成阻部位

我们在前文提到，鼻音是由于气流在口腔中遇到阻塞，转而被动地经由鼻腔通道呼出而产生的，因为气息在口腔中受到阻碍的部位不同，所以便形成了不同的共鸣音色，进而形成了不同的鼻音。具体来说，同时也是舌尖中阻声母的前鼻音 n，在其发声过程中，气流在口腔中由于"舌尖"向前抬起与齿龈后部硬腭前缘接触而受到阻碍，因而我们也将前鼻音 n 叫作"舌尖鼻

音";而在后鼻音 ng 的发音中,是因为"舌根"主动抬起与软腭相接形成的阻碍阻住了气流的口腔通路,所以后鼻音 ng 也叫"舌根鼻音",后鼻音 ng 的成阻部位实际上与舌根音声母 g、k、h 的发音位置相同。除此之外,汉语普通话中还有一个鼻音 m,m 阻住气息口腔通路的方式更为简单粗暴,就是"双唇"紧闭,直接将口腔关闭,迫使气流完全从鼻腔通过,因而我们将其称为"双唇鼻音"。总体来看(如图 6-1 所示),汉语普通话中一共有三类鼻音,分别是双唇鼻音 m、舌尖鼻音 n 和舌根鼻音 ng,我们可以从图中清晰地看到它们阻住气息的不同发音部位以及由此被打开的气息鼻腔通路。

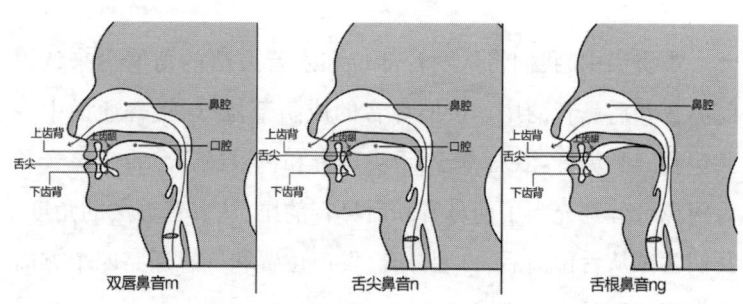

图 6-1　三类鼻音成阻部位与气息通路示意图

三类鼻音的三个辅音音素在现代汉语普通话中所扮演的角色有所不同:舌尖鼻音 n 可以同时充当声母和鼻韵尾;舌根鼻音 ng 只能充当鼻韵尾,不能充当声母;双唇鼻音 m 只作为声母却不能在音节的末尾以韵尾形式出现。

表 6-2　三类鼻音能够在音节中充当的角色

鼻音类型	成阻部位	作声母	作韵尾
双唇鼻音 m	双唇	√	×
舌尖鼻音 n	舌尖与齿龈后、硬腭前	√	√
舌根鼻音 ng	舌根与软腭	×	√

二、前后鼻音在发音方法上的四个不同

接下来,我们从发音方法,即发声过程中气息的运用、口腔各方面的控制、共鸣点的选择等方面来说明前后鼻音的不同。

首先从"舌位的前后"来看,前鼻音 n 的成阻部位是舌尖与上齿龈后部,这个位置显然要比后鼻音 ng 舌根与软腭的成阻部位更靠前。基于此,请学习者在发音时候注意区分,前鼻音-n 找寻舌尖向前高位置用力的感觉,而后鼻音-ng 则体会舌根向后高位置使劲的感觉。其次从"口形的开合"角度来看,在前鼻音-n 的发音中,舌尖抵住上齿龈,伴随有嘴角稍稍咧开的动作,所以上下唇之间仅留一条小缝隙,整体开度并不算大;在发后鼻音-ng 的时候,因为舌根抬起,所以口腔相对来说是张开的。从前后鼻音口腔不同的开闭程度来看,如果想要发出正确的前鼻音,那么可以先入为主地去寻找咧唇的感觉;如果音节是以后鼻音 ng 结束的,相应的可以放松口腔,使口腔适当张开以完成正确的发声。再次,比较的要点是"发声位置"的前后,我们在前文曾经谈到,"发声位置"指的是某一个音素、某一个音节或者整段有声表达在发声主体口腔中的着力点或共鸣点,它们往往有"前、央、后"的区别。通过练习我们会发现,前鼻音的共鸣点在口腔前部,相对的后鼻音的共鸣点在口腔的后部。通过这一

点我们可以预设发声时候的关注点,前鼻音关注点在唇齿,后鼻音关注点在喉部附近——这样的感知预设能够引导学习者正确区分前后鼻音。最后我们来关注前后鼻音的"气息运动状态",我们以前鼻音 an 和后鼻音 ang 为例。在前后鼻音复合韵腹发声中,气息均是先从口腔呼出(指韵腹 a 的发音),然后随着鼻韵母 -n 或 -ng 进入音程,口腔的通路被封闭,气流主要通过鼻腔呼出。了解了前后鼻音发音中气息通路的变化过程后,学习者可以夸张地去体会气息的变化,细细体会气流从口腔呼出到口腔通路受到阻碍而转向鼻腔的整个过程,这样有利于把握整个音节发音的准确性。

以上我们从四个方面再次认识了前后鼻音,相信通过认真体会,你总会找到能够打通你改正前后鼻音不分问题的"任督二脉"。

第二十七天·练习材料·前后鼻音交错、凸显对比练习

前后鼻音交错练习

an—ang

担当　安放　班长　繁忙　山岗　南方　反抗　安康　返航
漫长　肝脏　擅长　战场

ang—an

商贩　当然　傍晚　畅谈　上班　账单　方案　商战　汤饭
钢板　房山　浪漫

第六周 前鼻音韵尾 n 和后鼻音韵尾 ng 不分的问题

en—eng

真诚 本能 深层 奔腾 真正 神圣 纷争 门缝 人称
人生 晨风 分封

eng—en

成本 成分 登门 承认 成人 诚恳 城镇 风尘 缝纫
能人 胜任 正门 证人 生根

in—ing

心情 禁令 新兴 民警 品行 聘请 进行 新型 尽情
心灵 拼命 民兵 金星 新颖

ing—in

听信 灵敏 清新 挺进 平民 迎新 影印 警民 领巾
精心 轻信 病因 定亲 京津

同声母、同音调前后鼻韵凸显练习

an—ang

扳 bān 手—帮 bāng 手　　女篮 lán—女郎 láng
反 fǎn 问—访 fǎng 问　　担 dān 心—当 dāng 心
弹 tán 诵—唐 táng 宋　　水干 gān—水缸 gāng
看 kān 家—康 kāng 佳　　战 zhàn 防—账 zhàng 房
闪 shǎn 光—赏 shǎng 光　　冉冉 rǎn—嚷嚷 rǎng
涂染 rǎn—土壤 rǎng　　粘 zhān 贴—张 zhāng 贴

en—eng

同门 mén—同盟 méng　　花盆 pén—花棚 péng
瓜分 fēn—刮风 fēng　　分 fēn 子—疯 fēng 子

粉 fěn 刺—讽 fěng 刺　　上身 shēn—上升 shēng
人参 shēn—人生 shēng　　针 zhēn 眼—睁 zhēng 眼
诊 zhěn 断—整 zhěng 段　　出身 shēn—出生 shēng
陈 chén 旧—成 chéng 就　　真 zhēn 气—蒸 zhēng 汽
晨 chén 风—成 chéng 风　　震 zhèn 中—正 zhèng 中
审 shěn 视—省 shěng 市

in–ing

因 yīn 而—婴 yīng 儿　　弹琴 qín—谈情 qíng
人民 mín—人名 míng　　频频 pín—平平 píng
亲近 qīnjìn—清静 qīngjìng　　信 xìn 服—幸 xìng 福
金银 jīnyín—晶莹 jīngyíng　　临 lín 时—零 líng 时
禁 jìn 止—静 jìng 止　　海滨 bīn—海兵 bīng
印 yìn 象—映 yìng 象　　红心 xīn—红星 xīng
劲 jìn 头—镜 jìng 头　　今 jīn 天—惊 jīng 天
禁 jìn 赛—竞 jìng 赛

第六周 前鼻音韵尾 n 和后鼻音韵尾 ng 不分的问题

第二十八天

062801：利用声母发音位置找准前后鼻音发音位置的好方法
062802：检测鼻韵尾是否归音的实用妙招

"带音法"（或称"引导法"）是在普通话语音学习中经常被使用的一种方法，在前后鼻音不分问题的改错中，我们依然要应用到类似的方法。这一次我们将使用与前后鼻辅音音素发音位置相同或相近的声母引导出 n 或 ng 的发音，从而解决某些普通话语音学习者方言体系中缺失前鼻音或后鼻音音素的问题。

一、利用声母发音位置找准前后鼻音发音位置的好方法

通过对前后鼻音发音位置的学习，我们了解到无论是前鼻音韵尾-n 还是后鼻音韵尾-ng，在普通话语音 21 个声母中都有与其发音位置近似甚至是相同的声母。前鼻音韵尾-n 自不用说，除了担任鼻辅音的角色外，其本身就是一个舌尖中音声母，与 d、t 的发音位置相近；而后鼻音韵尾-ng 在普通话中虽然不

能充当声母,但是其发音位置与舌根音 g、k、h 是完全一致的。基于以上原因,不论学习者的方言体系中是缺失了前鼻音韵尾-n,还是不能很好地发出后鼻音韵尾-ng,他们都可以通过与 n、-ng 发音位置相同或相近的声母进行引导,逐渐找到正确的发音位置。

具体的做法是这样的:我们首先以前鼻音韵尾-n 为例。当我们想要发出前鼻音韵尾-n 时,由于其与舌尖中音声母 d、t 发音位置十分相近,我们便可以选择其中更容易发出的送气音 t[t']作为"引导音",之后充分集中注意力,以较慢的速度准备发出引导音 t[t'],但是实际上我们只是完成引导音 t[t']的成阻动作,在完成成阻动作,即将除阻成声之时,努力尝试软腭下降,同时继续保持舌尖与齿龈后部硬腭前缘的成阻动作,通过这一系列动作主动迫使气息从鼻腔呼出,最终发出"目标音"前鼻音韵尾-n。在这个过程当中,"引导音"对"目标音"发音位置的积极引导,以及发音中气息通路的主动转向是学习者能够发出正确前鼻音韵尾的关键。

后鼻音韵尾-ng 的引导发音过程与以上描述近似,只是我们将引导音由舌尖中送气清塞音 t[t']换成了舌根送气音 k[k'],在 k[k']即将除阻之前,有意识地主动保持舌根与软腭的阻碍不松开,同时将注意力充分向鼻腔转移,努力体会鼻腔的哼鸣感和鼻翼的震动,使软腭下降,气息从鼻腔通过,这样就基本上发出了正确的后鼻音韵尾-ng。

二、检测鼻韵尾是否归音的实用妙招

我们都知道,日常的语言表达中有一种常见的语音现象,就

第六周 前鼻音韵尾 n 和后鼻音韵尾 ng 不分的问题

是韵尾归音不到位,也就是"不归音"的问题,而鼻韵尾不归音的现象也时有发生。我们在这里提到这个问题的原因是,如果我们将"利用声母发音位置找准前后鼻音发音位置的方法"颠倒过来,实际上它就变成了一种进行鼻韵尾是否归音到位的自我检测实用小妙招。

具体来说,鼻韵尾是否归音到位的自我检测方法是:当一个音节的鼻辅音韵尾发音结束后,保持鼻辅音韵尾的归音状态,也就是保持前鼻音 n 舌尖与齿龈后部硬腭前缘、后鼻音 ng 舌根与软腭的成阻状态,在不改变韵尾发音后的舌位的前提下,看是否能够"顺势"发出与鼻辅音发音位置相同的声母,如果能够顺势发出即为归音到位,相反如果仍需移动舌位才能发出相应声母,即为归音不到位——这就是检测鼻辅音是否归音的有效方法。

我们分别来举例说明。以后鼻音韵母 ang 为例,当我们完成后鼻韵母 ang 的发音后,发音器官舌根与软腭保持着一定的位置关系,我们保持 ang 音结尾时的舌位暂时不动。这个时候,由于后鼻辅音 ng 与舌根送气音 k[k']有着同样的发音成阻位置(舌根与软腭相接),那么如果刚刚完成发音的 ang 归音到位的话,在保持不动的舌位基础上,便可以"顺势"发出 k[k']这个声母——所谓"顺势"就是舌位不再有任何移动而直接发音——相反,如果 ang 落音时的舌位并不能满足直接发出 k[k']的条件,而是舌根还需向上抬起才能发出 k[k'],这就说明后鼻音的归音不到位或者根本就没有归音。

同样的道理,我们再以前鼻韵母 an 的发音为例。当我们完成前鼻韵母 an 的发音后,有意识地保持舌尖位置不动,在这个舌位基础上,检测能否"顺势"发出送气舌尖中音声母 t[t']。如果能够顺利完成发音即为归音到位,如果发现 an 落音时舌尖的位置还需向前高位置移动哪怕是一毫米的距离,也说明前鼻音的归音是不到位的。

综上所述,我们可以反复发出"an—t[t']""ang—k[k']",通过这样的练习,我们既可以找准前后鼻辅音的发音部位,又可以练习前后鼻韵尾的归音到位,可谓是事半功倍、一举两得。

第二十八天·练习材料·前后鼻音绕口令练习

in-ing:

1.小青和小琴,小琴手很勤,小青人很精,手勤人精,琴勤青精。你是学小琴还是学小青?

2.京剧叫京剧,警句叫警句,京剧不能叫警句,警句不能叫京剧,更不能叫晋剧。

3.生身亲母亲,谨请您就寝,请您心宁静,身心很要紧。新星伴月明,银光澄清清。尽是清静境,警铃不要惊。您醒我进来,进来敬母亲。

4.十字路口红绿灯,红黄绿灯分得清,红灯停,绿灯行,黄绿灯亮向左行,行停停行看灯明。

an-ang:

5.扁担长,板凳宽,扁担没有板凳宽,板凳没有扁担长,扁担绑在板凳上,板凳不让扁担绑在板凳上,扁担偏要绑在板凳上。

第六周　前鼻音韵尾 n 和后鼻音韵尾 ng 不分的问题

en-eng：

6.老彭捧着一个盆，老庞看着一个棚。棚倒盆碎棚砸盆。盆碎棚倒盆撞棚。老彭要赔老庞的棚，老庞要赔老彭的盆。老庞陪着老彭去买盆，老彭陪着老庞来修棚。

ang-uang：

7.你说船比床长，他说床比船长，我说船不比床长，床也不比船长，船床一样长。

ing-ong-eng：

8.东洞庭，西洞庭，洞庭山上一条藤，藤条顶上挂铜铃。风吹藤动铜铃鸣，风停藤定铜铃静。

ang-eng-ong：

9.丰丰和芳芳，上街买混纺。红混纺，粉混纺，黄混纺，灰混纺。红花混纺做裙子，粉花混纺做衣裳。穿上新衣多漂亮，丰丰和芳芳喜洋洋。感谢叔叔和阿姨，多纺红、粉、黄、灰好混纺。

un(uen)-ong：

10.炖冻豆腐

会炖我的炖冻豆腐，来炖我的炖冻豆腐。不会炖我的炖冻豆腐，就别炖我的炖冻豆腐。要是混充会炖我的炖冻豆腐，炖坏了我的炖冻豆腐，那就吃不成我的炖冻豆腐。

第二十九天

062901：什么是鼻韵母不归音的问题
062902：普通话中可以充当韵尾的音素有哪些
062903：解惑：在缺省韵尾的情况下是否仍需归音
062904：通过古代诗歌十三辙来练习韵尾的归音

在前文中我们讲到了一个检测鼻韵尾是否归音到位的实用方法，并由此谈到韵尾不归音的现象是普通话语音中的常见问题，这个问题在以鼻韵母结尾的音节中表现得尤为突出。那么在本讲当中，我们就以吐字归音的枣核型结构为切入，以鼻韵尾为实例来重点关注"韵尾不归音"的语音问题。

一、什么是鼻韵母不归音的问题

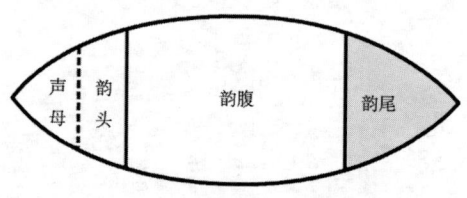

图 6-2　枣核型结构中的"韵尾"

图 6-2 说明了在枣核型结构中韵尾的位置和其在发音中所扮演的角色。韵尾处于整个音节的末尾,从某种程度来说,音节中的声母及主要元音,即字头和字腹决定着音节的发音所对应的语意,韵尾归音不到位的问题对于字音辨识的影响也许不算致命。因而,很多人在发音过程中下意识地认为主要元音发完之后,字音的成音过程就已经被大部分展现出来了,从而忽略了结束音的充分呈现——这就是所谓的归音不到位,更严重的便是不归音的问题了。

有关韵尾归音不到位的问题,打个比方就像是我们平时打羽毛球、打乒乓球的时候,当你的球拍接触到球、击打到球之后,一些人就再也不想继续向前挥击球拍了,他们认为反正球已经打出去了,后面的动作是画蛇添足,甚至干脆希望马上停在击球的一刹那,或者随便挥动一下就行了。但是实际上只要稍有运动常识的人都会明白,动作的完整性对于整个球的质量至关重要,击球之后手臂的延送与挥拍击球的动作是一个整体,缺一不可。同样的道理,如果我们每个音节的发音没有韵尾,或者韵尾归音不到位,即使表达出来的词语或句子能够被人勉强听懂,但是它会给人一种说话慵懒散漫的主观感受,影响表达的整体效果。

更加具体来说,什么是鼻韵母归音不到位的问题呢? 我们仍以前鼻韵母 an 以及后鼻韵母 ang 来举例。在鼻韵母 an 和 ang 中,主要元音即韵腹都是央低不圆唇元音 a,在发这个音时,舌体自然放松,位于口腔底部,舌位较低;而鼻尾音 -n 和 -ng 的发音位置却相对较高,-n 位于前高的齿龈与硬腭的交界处,需与舌尖相接,-ng 的位置则在后高的软腭处,需舌根与其成阻。如果想要发出准确的、归音到位的 an 或 ang,都需要在发音时完成一定的舌位动程,即完成相应的舌体由低位向高处的移动,而如果应有的舌位移动不到位,落音时舌体"悬空"于口腔之中,这就是鼻韵尾归音不到位最典型的表现。

二、普通话中可以充当韵尾的音素有哪些

汉语普通话有元音韵尾和辅音韵尾两种,可以充当韵尾的音素一共有 5 个,分别是元音韵尾 i、o、u 和鼻辅音韵尾 n、ng。复韵母 ai、ei、uei、ao、uo、iao、ou、iou 就是以元音韵尾作为结束的;鼻辅音韵尾 n 和 ng,之前我们讲过,鼻韵母包括前鼻韵母 an、en、in、ün、ian、uan、uen、üan 8 个,以及后鼻韵母 ang、eng、ing、ong、iang、uang、ueng、iong,同样是 8 个,如表 6-2 所示。

表 6-2　元音韵尾与鼻辅音韵尾

元音韵尾	i	ai、ei、uei(ui)
	o	ao、uo、iao
	u	ou、iou(iu)
鼻辅音韵尾	n	an、en、in、ün、ian、uan、uen(un)、üan
	ng	ang、eng、ing、ong、iang、uang、ueng(weng)、iong

三、解惑:在缺省韵尾的情况下是否仍需归音

有关音节中韵尾的归音,很多普通话学习者都会有一个相似的疑问,就是汉语普通话一共有 39 个韵母,而有韵尾的韵母总共有 24 个,那么剩余的 15 个无韵尾韵母在发音时是否仍然需要归音呢?是否仍需以枣核型的要求进行发音呢?

第六周　前鼻音韵尾n和后鼻音韵尾ng不分的问题

为了说明这个问题,我们用一个大家非常熟悉的地名"西安(xī'ān)"来举例。"西安"的"西(xī)"就是一个无韵尾音节,但是在实际的发音中,并没有因为音节"xī"没有韵尾而把这个词语读成"鲜(xiān)",听感上仍能轻易分辨出这是一个双音节词语。从这个词语的发音实践中我们就能得出结论,"xī"的音节末尾同样有类似韵尾归音的现象发生。

实际上,在没有韵尾的音节结束时,一般情况下会以一个喉塞音作为结尾,以示这个音节的完结。"喉塞音"也叫"声门塞音",是辅音的一种,它是一种由声门关闭引起气流瞬时中断而形成的塞音。其国际音标符号为[ʔ],即把问号去掉下面的一点。喉塞音广泛存在于各语言中,但就像我们的汉语普通话一样,把它当作独立音位看待的语言并不多。我们再举一个地名的例子来说明这个问题——"石家庄(shíjiāzhuāng)"——很多人习惯把河北省省会读成"shiázhuāng",这其实不仅仅只是因为我们已经在前文讲过的,发音时吃掉了"家(jiā)"这个字的声母"j",还因为"石家庄"的第一个字"石(shí)"在发音时没有完成应有的、伴随着明显喉部收紧动作的喉塞音归音。

其实"喉塞音"在我们日常的表达当中很常见,所以我们应该注意,没有韵尾的韵母也是需要归音的,只不过是用一个比较泛化的喉塞音结尾作为归音而已。

四、通过古代诗歌十三辙来练习韵尾的归音

我们都知道,古代诗歌创作讲求严格的合辙押韵,每一首诗都有其固定的韵脚,其中的一种韵脚系统叫作"十三辙",即"发花辙、梭波辙、乜斜辙、一七辙、姑苏辙、怀来辙、灰堆辙、遥条辙、

由求辙、言前辙、人辰辙、江阳辙、中东辙",我们可以结合古诗十三辙练习韵尾的归音,充分体会每一种韵脚的收音到位。

同时,古代诗歌本身就是非常好的小单元练声材料。由于古代诗歌合辙押韵、行文工整对仗的特点,学习者不仅能够通过它练习普通话的声韵母和字头、字腹、字尾,还能练习发声方法中的气息控制,此外还能培养语言的韵律美,可以说是一石三鸟的练习项目。但是,在古代诗歌的练习中仍有两点需要注意:第一,虽然练习的目的为普通话正音,但是在诗歌朗读中切不能一字一顿而影响诗的韵律与句意;第二,读诗时不可拖腔甩调,朴实且走心地表达出来就可以了。

第二十九天·练习材料·古诗十三辙归音练习

(1) 发花辙(a、ia、ua)

《泊秦淮》(杜牧)

烟笼寒水月笼沙,夜泊秦淮近酒家。
商女不知亡国恨,隔江犹唱后庭花。

《夜月》(刘方平)

更深月色半人家,北斗阑干南斗斜。
今夜偏知春气暖,虫声新透绿窗纱。

(2) 梭波辙(o、e、uo)

《咏鹅》(骆宾王)

鹅、鹅、鹅,曲项向天歌。

第六周 前鼻音韵尾 n 和后鼻音韵尾 ng 不分的问题

白毛浮绿水,红掌拨清波。

《望洞庭》(刘禹锡)

湖光秋月两相和,潭面无风镜未磨。
遥望洞庭山水翠,白银盘里一青螺。

(3) 乜斜辙(iê、üê)

《江雪》(柳宗元)

千山鸟飞绝,万径人踪灭。
孤舟蓑笠翁,独钓寒江雪。

《村夜》(白居易)

霜草苍苍虫切切,村南村北行人绝。
独出门前望夜天,月明荞麦花如雪。

(4) 一七辙(i、ü)

《江畔独步寻花》之一(杜甫)

黄四娘家花满蹊,千朵万朵压枝低。
留连戏蝶时时舞,自在娇莺恰恰啼。

《闻王昌龄左迁龙标遥有此寄》(李白)

杨花落尽子规啼,闻道龙标过五溪。
我寄愁心与明月,随风直到夜郎西。

(5) 姑苏辙(u)

《早春呈水部张十八员外》(韩愈)

天街小雨润如酥,草色遥看近却无。

最是一年春好处,绝胜烟柳满皇都。

《芙蓉楼送辛渐》之一(王昌龄)
寒雨连江夜入吴,平明送客楚山孤。
洛阳亲友如相问,一片冰心在玉壶。

(6)怀来辙(ai、uai)

《题菊花》(黄巢)
飒飒西风满院栽,蕊寒香冷蝶难来。
他年我若为青帝,报与桃花一处开。

《回乡偶书》(贺知章)
少小离家老大回,乡音无改鬓毛衰。
儿童相见不相识,笑问客从何处来。

《望天门山》(李白)
天门中断楚江开,碧水东流至此回。
两岸青山相对出,孤帆一片日边来。

《过华清宫绝句》之一(杜牧)
长安回望绣成堆,山顶千门次第开。
一骑红尘妃子笑,无人知是荔枝来。

(7)灰堆辙(ei、uei)

《凉州词》之一(王之涣)
葡萄美酒夜光杯,欲饮琵琶马上催。
醉卧沙场君莫笑,古来征战几人回。

第六周 前鼻音韵尾 n 和后鼻音韵尾 ng 不分的问题

《晚春》(韩愈)

草树知春不久归,百般红紫斗芳菲。

杨花榆荚无才思,唯解漫天作雪飞。

(8)遥条辙(iao、ao)

《春晓》(孟浩然)

春眠不觉晓,处处闻啼鸟。

夜来风雨声,花落知多少。

《咏柳》(贺知章)

碧玉妆成一树高,万条垂下绿丝绦。

不知细叶谁裁出,二月春风似剪刀。

(9)由求辙(iou、ou)

《登鹳雀楼》(王之涣)

白日依山尽,黄河入海流。

欲穷千里目,更上一层楼。

《送孟浩然之广陵》(李白)

故人西辞黄鹤楼,烟花三月下扬州。

孤帆远影碧空尽,唯见长江天际流。

(10)言前辙(an、ian、uan、üan)

《出塞》之一(王昌龄)

秦时明月汉时关,万里长征人未还。

若使龙城飞将在,不教胡马度阴山。

《早发白帝城》(李白)

朝辞白帝彩云间,千里江陵一日还。
两岸猿声啼不住,轻舟已过万重山。

《枫桥夜泊》(张继)

月落乌啼霜满天,江枫渔火对愁眠。
姑苏城外寒山寺,夜半钟声到客船。

(11)人辰辙(en、in、uen、ün)

《江南逢李龟年》(杜甫)

岐王宅里寻常见,崔九堂前几度闻。
正是江南好风景,落花时节又逢君。

《送元二使安西》(王维)

渭城朝雨浥轻尘,客舍青青柳色新。
劝君更尽一杯酒,西出阳关无故人。

(12)江阳辙(ang、iang、uang)

《敕勒歌》

敕勒川,阴山下。天似穹庐,笼盖四野。
天苍苍,野茫茫,风吹草低见牛羊。

《润州听角》(李涉)

江城吹角水茫茫,曲引边声怨思长。
惊起暮天沙上雁,海门斜去两三行。

(13) **中东辙**(eng、ing、ong、iong、ueng)

《竹枝词》(刘禹锡)

杨柳青青江水平,闻郎江上唱歌声。
东边日出西边雨,道是无晴却有晴。

《秋思》(张籍)

洛阳城里见秋风,欲作家书意万重。
复恐匆匆说不尽,行人临发又开封。

第三十天

063001：通过"起落音有机连线法"找寻前后鼻音的正确发音
063002：小单元四音节词语练习的意义及四音节的轻重格式

在前后鼻音不分问题的最后一讲，我们来介绍一种在普通话复合韵母语音学习中经常被使用到的方法——"起落音有机连线法"，我们将分别解释该方法中"起落音""连线""有机"的意义。然后，我们将简单梳理汉语普通话四音节词语的轻重格式，使四音节词语成为延长音程夸张练习法最实用的文本对象。

一、通过"起落音有机连线法"找寻前后鼻音的正确发音

所谓"起落音有机连线法"就是通过找到复合韵母起点音和终点音正确的发音位置，并对照自己的发音问题对起点音或终点音发音位置进行反复和充分的体会，最后以两点的正确发音位置为依托，以延长音程的夸张方式有机地读出整个音节，最终改正目标复合韵母的发音，这种方法经常被应用在复韵母和鼻韵母的普通话语音正音实践当中。

我们在前后鼻音不分问题的改错中应用此方法的依据是，

第六周　前鼻音韵尾 n 和后鼻音韵尾 ng 不分的问题

很多普通话语音学习者实际上并不是典型的"前鼻后鼻化"或"后鼻前鼻化",他们的方言中往往只是缺失了某一类或者某几个前鼻音或后鼻音,比如有些人会把"冰箱(bīngxiāng)"读成"冰鲜(bīngxiān)"或"宾箱(bīnxiāng)",而没有读成"宾鲜(bīnxiān)",实际上这才是前后鼻音不分问题最常见的语音表征。我们以最常见的"in-ing 不分"的问题来举例,很多人"in-ing 不分"是因为自己的方言体系当中没有前鼻音韵母 in,但是他们在 an、en、ün 等前鼻音的发音上往往又没有问题。如果是这样,重新构建前鼻音 in 的任务就简单多了,我们只要找到单元音 i,再通过 an、en 等前鼻韵母体会与 in 类似的落音 n 的归音位置,将起音 i 和重新定位的落音 n 有机连线,反复体会,就能找到 in 的正确发音。

具体来说,我们尝试以延长音程的夸张方式来寻找前鼻音韵母 in。首先我们准确找到韵母 i 的位置。i 是一个齐齿音,发音时候力在两齿,舌面位置较高,而舌尖位置相对较低,找到了 i 的准确位置我们就找到了这个目标音的起点音。之后我们重点去定位一下 in 结尾音的发音位置,如前文所述,我们尝试对 an 的归音位置进行细致体会——将 an 的发音延长,反复发出,充分感受结尾处舌位的落点,使其形成一个短暂存留于大脑皮层的肌肉反射。这个时候,我们可以连续多次发出起点音和终点音:"i——n、i——n、i——n",之后逐渐尝试以起点音和终点音为依托,以自然和放松的方式稍夸张地发出 in 的过程音,"i——n——in、i——n——in"。

需要特别说明的是,在应用此方法纠正前后鼻音不分问题的过程中,"起落音有机连线法"中"有机"两个字不可忽略。因为最终需要发出的正确前后鼻音并不是起点音和终点音的简单和机械叠加。比如在鼻韵母 ian 的发音中,起点元音为前高元音 i,发音过程中舌体本应向央 a[a]方向滑动以降低舌位,但在实际发音中舌位却并没有完全降到央 a[a],而只是降到前 a[a]的位置就再次开始升高,舌尖便开始向上齿龈后部和硬腭前部贴去,从而形成鼻音 n,完成整个韵腹的发音。如果普通话学习者将前后鼻韵母认为是元音音素和鼻辅音音素发音位置的简单相加而忽略了舌位的动程,那么可能就曲解了这个练习方法的本意和初衷。

二、小单元四音节词语练习的意义及四音节的轻重格式

在本讲的最后,我们来介绍一种在前文中应用较少的普通话语音学习的练习方法——四音节词语练习法。四音节词语是延长音程夸张练习法最好的载体和对象,四音节词语的难度略大于单音节和双音节,其轻重格式也更为复杂,这都能使普通话学习者的语音问题得到充分暴露并使其准确找到改错的方向。

四音节词语的轻重格式大致有三种,分别是:中重中重、中轻中重、重中中重。首先"中重中重"格式的四音节词语常常是以联合式或并列式的语法关系为主的,例如"日积月累""根深蒂固",这样的词多是具有并列关系或称 aBaB 形式的四字格式词。其次,"中轻中重"格式的词多是一些专有名词或是口语化色彩比较强的词语,除此之外还包括一些叠声词,比如"社会主义"这是一个中轻中重格式的专有名词,而"稀里哗啦"是一个

符合中轻中重格式的口语化很强的拟声词。再比如"和和美美"是一个叠音词，同样也是中轻中重格式的。但是请大家注意，专有名词的第二个音节只是比第一个音节稍轻一点，不能失去原来的声调而变成轻声。最后一种四音节词语的轻重格式是"重中中重"，这类词语以主谓式或者偏正式语法关系的词居多，例如"惨不忍睹""敬而远之""诸如此类"等，这样的词语大部分是具有修饰与被修饰、陈述与被陈述、支配与被支配关系的四字格式成语以及一三格式成语，而所谓"一三格式"就是"惨·不忍睹、敬·而远之"。

　　词语的轻重格式属于普通话语音"语流音变"知识的一部分，汉语普通话词语的轻重格式更多地表现为一种"约定俗成"，它不是绝对的、不变的，词的轻重格式要受到语句目的的制约，因而在语流中我们往往会遇到原来轻重格式被打破、被改变的现象，这是正常的甚至是必然的，所以学习者并不需要过度地照本宣科、咬文嚼字，在轻重格式问题上"钻牛角尖"。

第三十天·练习材料·前后鼻音小单元四音节词语练习

第三十天

返璞归真	漫山遍野	万紫千红	安居乐业	分门别类
奋不顾身	沉鱼落雁	恨入骨髓	饮水思源	彬彬有礼
近水楼台	引人注目	群策群力	运用自如	寻章摘句
训练有素	畅所欲言	昂首阔步	膀大腰圆	康庄大道
声情并茂	冷若冰霜	风花雪月	冰清玉洁	顶天立地
轻歌曼舞	并驾齐驱	洪水猛兽	公而忘私	功德无量

耸人听闻	年富力强	恋恋不舍	变幻莫测	坚持不懈
欢天喜地	川流不息	全心全意	万水千山	全力以赴
怨天尤人	原封不动	卷土重来	混淆视听	温文尔雅
文过饰非	浑然一体	江河日下	两全其美	良药苦口
想入非非	狂风暴雨	望尘莫及	亡羊补牢	广开言路
瓮中捉鳖	永垂不朽	雍容华贵	勇往直前	雄才大略
慷慨激昂	横扫千军	光彩夺目	龙飞凤舞	

第七周 韵母中的韵腹在发音中开度不够的问题

第七周学习内容

073101：韵母的韵腹由十个单元音构成

073102：韵腹的开度是韵母发音准确、圆润、饱满的关键

073201：单韵母 a 是普通话中口腔开度最大的"基准"音素

073202：打开口腔之"提、打、挺、松"

073301：韵头的节制是韵腹拉不开的重要原因之一

073302："韵头"或称"介音"的归属与界定

073401：发音时使介音与声母抱团是解决韵腹拉不开的有效手段

073402：打开口腔的"金句"及练声小方法

073501：音韵学中的"四呼"——"开、齐、合、撮"

073502："四呼"的发音要诀

第七周 韵母中的韵腹在发音中开度不够的问题

第三十一天

073101：韵母的韵腹由十个单元音构成
073102：韵腹的开度是韵母发音准确、圆润、饱满的关键

在上一周的讲解中，我们解决了前后鼻音不分的问题，并以此为切入关注了韵尾不归音的现象。本周我们将注意力转向韵母中的韵腹，看看在韵腹的发音中常常出现什么样的问题，我们又该采取什么样的方法去解决它。

一、韵母的韵腹由十个单元音构成

我们在前文已经讲过，一个汉语拼音音节往往包括一个声母、一个韵母以及一个声调，韵母又可分为韵头、韵腹和韵尾，而在汉语拼音的构成元素中，唯一必不可少的就是"韵腹"。韵腹位于整个音节的最中间，处于音节的核心位置，从我们已经非常熟悉的枣核型结构示意图中可以看到，韵腹是整个音节中音程最长、音色最饱满的音素。那么是什么样的一类音素能够承担起音节中如此重要的角色呢？其实答案已经相当明确，就是普通话当中一个音节里最响亮的音，韵母的韵腹是由 10 个单元音构成的。

元音,与辅音相对,也是音素的一种。元音与辅音最大的区别是,元音在发音过程中由口腔呼出的气流不会受到任何阻碍,实际上这也是元音的音色更响亮、音程更长、口腔开度更大、更趋近于乐音的主要原因。如表7-1所示,普通话中共有39个韵母,除了我们已经学习过的16个鼻辅音韵母以外,其余的23个,包括10个单韵母和13个复韵母全部由元音构成,10个单元音韵母就是音节中韵母的灵魂——韵腹。

表7-1 普通话韵母总表

类型	四呼	开口呼	齐齿呼	合口呼	撮口呼
单韵母		a o e ê er -i(前) -i(后)	i	u	ü
复韵母	前响	ai ei ao ou			
	后响		ia ie	ua uo	üe
	中响		iao iou(iu)	uai uei(ui)	
鼻韵母	前鼻音	an en	in ian	uan uen	ün üan
	后鼻音	ang eng	ing iang	uang ueng ong	iong

第七周 韵母中的韵腹在发音中开度不够的问题

在10个单元音中,有6个是简单单元音,它们是我们从孩童时期就已经烂熟于心的"a、o、e、i、u、ü"。除此之外,"ê[ɛ]"只与韵头"i"和"ü"相拼,组成撮口呼复韵母"iê"和"üê",在汉语拼音方案中,我们将其简便地写成"ie"和"üe"。而舌尖元音"-i(前)[ɿ]"和"-i(后)[ʅ]"分别只与舌尖前音声母"z、c、s"和舌尖后音声母"zh、ch、sh、r"连拼,在汉语拼音方案中,我们将两者的写法均用舌面元音 i[i]代替,在小学语文课本中以"整体认读音节 zi、ci、si、zhi、chi、shi、ri"的形式呈现,最后一个单元音是卷舌音"er",虽然"er"由两个字母构成,但它却是一个单元音韵母,发音时舌位没有动程,并不是由"e"滑向"r"的。

二、韵腹的开度是韵母发音准确、圆润、饱满的关键

首先,韵腹的口腔开度是韵母发音准确与否的关键,我们在后文即将讲到的"受韵头影响韵腹拉不开的问题"会使发音者错误地将"烟(yān)"发成"音(yīn)";"复韵母单元音化的问题"会使发音者将"爱(ài)"读成"æ(去声)";"复韵母宽窄音混淆的问题"会使发音者把"包(bāo)"读成"bōu",等等。可以说,除韵尾问题之外的其他韵母发音音准问题,或多或少都与韵腹的口腔开度有关系。

其次,除了影响语音的准确之外,整个音节发音不够圆润饱满,声音干瘪、缺乏亮度和积极度的问题,其"罪魁"仍是韵腹的开度不够。很多人慵懒、自闭的生活状态,加之当前快节奏、强压力、少交流的社会环境都使得此类语音问题越来越普遍。很多人感觉说话"张不开嘴",找不到拉开韵腹、打开口腔的方法。其实解决问题的路径很简单,以口腔打开的"基准音 a"为练习

对象,以牙关、软腭、颧肌等发音器官的运动为关注点,稍夸张地感受简单单元音的口腔开度,逐渐将其定位到复韵母以及整个音节的发音当中,最终在语句表达和日场交流中进行呈现和检验。

第三十一天·练习材料·现代诗歌《长江之歌》练习

《长江之歌》

你从雪山走来,春潮是你的丰采;
你向东海奔去,惊涛是你的气概。
你用甘甜的乳汁,哺育各族儿女;
你用健美的臂膀,挽起高山大海。
我们赞美长江,你是无穷的源泉;
我们依恋长江,你有母亲的情怀。

你从远古走来,巨浪荡涤着尘埃;
你向未来奔去,涛声回荡在天外。
你用纯洁的清流,灌溉花的国土;
你用磅礴的力量,推动新的时代。
我们赞美长江,你是无穷的源泉;
我们依恋长江,你有母亲的情怀。
啊,长江!

第七周 韵母中的韵腹在发音中开度不够的问题

第三十二天

073201：单韵母 a 是普通话中口腔开度最大的"基准"音素
073202：打开口腔之"提、打、挺、松"

想要读准韵母，首先要发好韵腹；想要发好韵腹，关键是保证韵腹发音时口腔的开度——找到了撬动口腔的支点，我们就找到了读准韵母的钥匙。在本讲当中，我们以普通话中口腔开度最大的"基准音素 a"为例，以"提颧肌、打牙关、挺软腭、松下巴"为路径，讲解打开口腔的具体方法，最终达到口腔控制的灵活自如。

一、单韵母 a 是普通话中口腔开度最大的"基准"音素

在十个单韵母当中，排在第一位的"a"是口腔开度最大的音素，实际上，我们从小就能脱口而出的六个简单单韵母的顺序 a、o、e、i、u、ü 正是根据它们相应的口腔开度进行排列的，由 a 到 ü 口腔开度依次变小、舌位逐渐抬高。而且"a"不仅仅是十个单韵母中口腔开度最大的音素，它也是普通话语音所有表意音素中口腔开度最大的一个。

从发音部位和发音方法的角度来说,单韵母 a 叫作"央低不圆唇元音"。首先,所谓"央"指的是在 a 的发音中,整个舌头的着力点自然地处在整个口腔的中间,不偏前也不靠后,舌尖不翘起、舌根不用力;"低"指的是舌体始终置于整个口腔的底部,不上抬、不隆起。其次,口腔打开时唇形以展唇形式呈现,并不追求圆唇状态。除此之外,发音时软腭上升关闭鼻腔通道,舌体下降,舌位降低,相应地牙关打开、颧肌抬起,使口腔的开度达到最大。在打开口腔的时候,还要注意气息保持通畅,下巴始终松弛,避免发音过程中舌位偏前或是偏后。

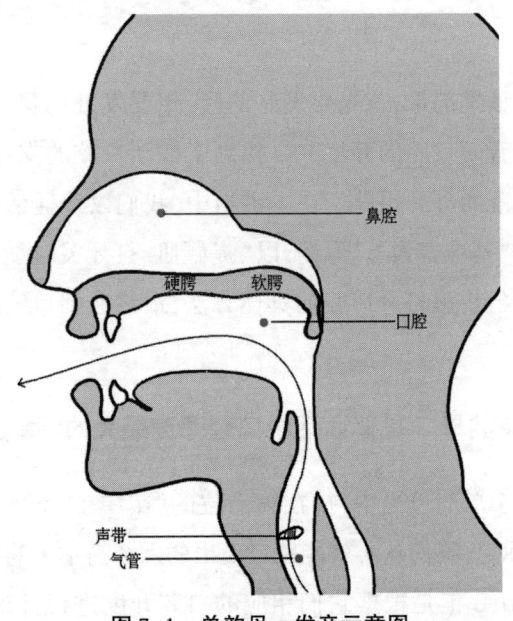

图 7-1 单韵母 a 发音示意图

我们之所以说 a 是普通话语音的"基准音",还因为单韵母 a 以及包含 a 音素的复韵母、鼻韵母在汉语普通话中出现的频

第七周　韵母中的韵腹在发音中开度不够的问题

率极高,日常生活中几乎没有哪一句话是没有 a 音素参与的。另外,众所周知,在戏剧戏曲、播音主持等有声语言艺术门类的晨间练声或称早功中,几乎必练的内容就是单韵母 a 及其延长音。以正确的方法练习单韵母 a 的发音可以说是一举三得:第一,可以巩固口腔的开度;第二,可以练习气息的稳定性和延长性;第三,可以练习声音的对象感和声音的弹性。因而,发好基准音 a 就显得尤为重要。接下来,我们就来具体讲讲发好 a 音、打开口腔的方法——"提颧肌、打牙关、挺软腭、松下巴"。

二、打开口腔之"提、打、挺、松"

1.提颧肌

笼统来说,颧肌就是人体面部覆盖在颧骨之上的肌肉组织,我们可以使用两手的食指轻轻地按压自己的颧骨,在突出的颧骨被按压处的周围,就是颧肌大概的位置。另外广大女性普通话学习者可能在化妆品专柜听说过"苹果肌"的提法,实际上苹果肌指的大概就是颧肌,因而从某种角度来说,练习提颧肌不仅仅能使口腔打开、声音饱满,还能使练习者延缓苹果肌的下垂,保持青春的容颜。

对颧肌进行准确的定位之后,我们可以尝试将它抬起。有的教科书也将"提颧肌"称为"提嚼肌"或"提笑肌",实际上这两种说法都有不当的地方,"提颧肌"其实并不完全等于"笑",笑的动作往往伴随着嘴角的上扬,而提颧肌却不需要这个附加动作。但是对于一些初学者来说,特别是对于那些声音状态非常不积极,常常被指责冷若冰霜、有拒人千里之外感觉的人来说,用微笑的方式来找寻提颧肌的感受也不失为一种好的办法。

我们可以用微笑的感觉作为引入,使颧肌用力向上提起,寻找上抬时口腔前上部的展宽感觉。另外,在提颧肌的过程当中常常伴随有鼻孔的少许张大,这是打开口腔的第一步。

同时,保持双唇尤其是上唇贴紧牙齿,"唇齿相依"使唇的运动有了依托,这样,相对于松颧噘唇、唇齿分离,学习者更容易把握咬字的力度。可以说,提颧肌不仅可以使口腔打开,更重要的是提高了发音者声音的亮度和字音的清晰度,而且对于声音积极度和色彩的提升都有明显的作用。

2.打牙关

"牙关"是上下颌骨之间的关节,口语中称"牙轴儿",打开牙关就是抬起上腭中部的动作,也就是要使上下槽牙在咬字时有一定的距离,尤其双侧上后槽牙应始终保持向上提起的感觉。"打牙关"是使口腔空间得以增大的最直接的手段,它也是初学者想要打开口腔最易见成效的一项训练。通过打开牙关,口腔的空间增大了,不仅气流的通路被打开,极大地丰富了口腔共鸣,增大了音量,而且可以使咬字位置适中、力量稳健,字词的饱满程度自然也就得到了提升。

那么牙关打开到多大才称得上"打开"了呢?是打开得越大越好吗?通过什么样的方式才能更好地打开牙关呢?

首先,练习者可以使用"张大嘴"的方式体会牙关打开的"最大程度"。我们发现,如果不考虑发音和表达的需求,人体的口腔一般可以张得很大,甚至可以张开到牙轴"脱臼"的程度。但是很显然,在普通话科学发声中我们并不需要把牙关打开到"绝对大",只要将牙关打开到上下齿之间能够大致放进半

第七周 韵母中的韵腹在发音中开度不够的问题

个拳头大小就可以了,大概就是手指横过来能放进去三根手指的高度,一般来说就达到了要求。

在打牙关的练习中还需特别注意一点,就是似乎牙关打开得越大,颧肌越不容易被提起,打牙关和提颧肌是一对相互矛盾的存在。这种感觉虽属正常,但是请一定注意"提打挺松"是一个打开口腔的整体感受,我们虽然把它们以小标题的形式分开进行讲授,但并不代表它们是相互割裂的,在练习中一定要找到它们中间的一个平衡点。就以打牙关和提颧肌来说,要在保证颧肌提起的情况下最大限度地打开牙关;反之亦然,在保证牙关被打开的情况下提颧肌才是有用的。

3.挺软腭

在打开口腔的训练中,常常有这样一种错误表现,就是嘴貌似已经张得很大,其实口腔的后部,也就是后槽牙处并没有真正打开,口腔总体上呈现出一种"前开后不开"的喇叭口形状。因而,我们除了使用"提颧肌"的方法打开口腔的前端,用"打牙关"的方法使口腔整体的开度得到提升之外,还需要完成"挺软腭",通过这一动作使口腔的后部同样也能够打开,使发声者的口腔最终呈现出"前开后也开"的整体打开的效果。

我们在前文讲过,软腭就在上腭的后部,学习者可以用舌尖抵住硬腭再向后舔,舌尖接触到的柔软有弹力的那个位置就是软腭。另外也可以深吸一口气,此时感觉上腭有冰凉感受的部位也可指引你找到软腭。在不进行有声表达的时候,口腔中的软腭往往是自然松软下垂的,想要挺起软腭,我们可以用夸张吸气或者半打哈欠的方式来体会,在这两种状态下软腭都是自然挺起的。此外,在发夸张的上声(三声),比如说发出夸张的"好(hǎo)"时,同样能够明显感觉到发音时特别是音节后半段口腔后部的打开和软腭的挺起,用这种状态去带发其他音节也会收到很好的挺软腭的效果。

我们说,适度保持挺软腭的状态去发音,第一,可以加大口腔后部空间,明显改善音色,更好地实现口腔共鸣;第二,由于软腭挺起从而缩小鼻咽入口,可以避免声音大量灌入鼻腔而造成的鼻音现象。但挺软腭的"挺"虽然是一个基本状态,可是由于音节的结构成分各不相同,再加上表达的需要,在有声语言表达中其实并不能"一挺到底",而是应该有程度上的变化,否则有可能会带来"音包字"的问题。

4.松下巴

松下巴,顾名思义就是让发音者的下巴在发音过程中保持松弛的状态,不僵不紧、不死不横。实际上由于生理构造的原因,松下巴在打开口腔方面比抬上腭更具有实质性效果。在平时的说话中,有的人会表现出下巴用力、下巴"主动帮忙"的问题,在朗读的时候就表现得更为明显。有些人甚至错误地认为只有这样才能做到咬字有力、字音清晰。其实这是一种错误认识,下巴使劲会使舌根紧张,口腔变扁,把字咬"横"、咬"死"。

在改变下巴用力的过程中经常会出现一种矛盾,就是改错者越不想让下巴去使劲,反而自然而然地更去关注下巴了。下巴越被关注,就越不能松弛下来,反而更有存在感,显得更用力,咬字就更死。至于解决的办法其实也很简单:在发声的时候可以更多地去关注下巴以外的其他发声器官的运动,比如特别去

第七周　韵母中的韵腹在发音中开度不够的问题

关注影响声音积极度、亮度和准确度的颧肌,去主动寻找唇齿相依的感觉——这样,转移了下巴处的注意力,下巴反而可以表现得更加松弛,达到"松下巴"的目的。

第三十二天·练习材料·十个单韵母词语小单元练习

a

单音节:爸　杂　纳　搭　腌　遢　怕　卡
双音节:喇叭　发达　旮旯　拉帕　打蜡　蛤蟆
四音节:跋山涉水　大有作为　大功告成　八面玲珑

o

单音节:佛　播　破　墨　摩　跛　坡　婆
双音节:薄膜　泼墨　婆婆　饽饽　磨破
四音节:莫名其妙　博才多学　勃然大怒　波澜壮阔

e

单音节:歌　课　德　何　勒　侧　责　惹
双音节:隔阂　哥哥　折射　塞责　客车
四音节:责无旁贷　可歌可泣　和颜悦色　克己奉公

i

单音节:鼻　米　替　底　济　漆　皮　踢
双音节:密闭　基地　鼻涕　机器　匹敌　里脊
四音节:地大物博　赤胆忠心　日新月异　立竿见影

u
单音节:部 普 浮 粗 度 吐 卢 呼
双音节:步幅 粗鲁 普度 卢浮 互补 督促
四音节:出口成章 触景生情 顾全大局 古今中外

ü
单音节:女 律 局 区 玉 许 屡 居
双音节:女婿 序曲 趋于 旅居 局域
四音节:举世无双 旭日东升 雨过天晴 取长补短

er
单音节:而 尔 二 儿 耳 洱 鸸 迩
双音节:而且 耳闻 儿童 耳语 二胡 而后
四音节:耳听八方 耳闻目睹 出尔反尔 接二连三

-i(前)
单音节:自 此 司 辞 紫 寺 姿 赐
双音节:此次 字词 席次 慈禧 赐死 仔细
四音节:自以为是 词不达意 似是而非 孜孜以求

-i(后)
单音节:质 齿 十 支 翅 使 直 日
双音节:值日 迟滞 时日 实质 失职 咫尺
四音节:实事求是 适得其反 知书达理 执迷不悟

第七周 韵母中的韵腹在发音中开度不够的问题

第三十三天

073301:韵头的节制是韵腹拉不开的重要原因之一
073302:"韵头"或称"介音"的归属与界定

造成口腔开度不够、韵腹拉不开的原因有很多,我们在前文提到,慵懒的生活方式甚至自闭的性格都可能是韵母发音不够圆润饱满的原因。但是,不容忽视的是,普通话音韵中的某一特殊角色,往往也直接制约着韵腹的开度。在本讲当中我们就来关注韵头与音节发音准确性之间的关系,努力使其对口腔开度的不良影响降至最低。

一、韵头的节制是韵腹拉不开的重要原因之一

通过观察我们不难发现,有些汉字的拼音,如钱(qián)、卷(juǎn)、矿(kuàng),具有如下构成:在口腔开度最大的韵腹音素之前,都有一个单元音韵母,这个韵母处于声母与韵腹之间,我们将它称为"韵头",或者将其称为音节中的"次要元音",与韵腹的"主要元音"叫法相呼应。

"韵头"这个概念最早见于我国古代的汉语音韵学,我们在

前文也曾提到,汉语音节中的韵母由韵头、韵腹和韵尾三部分组成。在音韵学中,"韵头"也叫"介音",顾名思义,"介音"就是介于声母和韵腹两者之间,发音又轻又短的一类特殊音素。在音节的发音中,韵头(或称介音),只构成了整个复合韵母发音的起点,一成音就应马上滑向韵腹,所谓"成音即走"。但是生活中有相当一部分人在韵头的处理上"太过流连""拖泥带水",甚至把介音"不自觉"地错误处理成主要元音,使得韵头太过突出,"反客为主"地挤占了韵腹的音程和空间,如将钱(qián)、卷(juǎn)、矿(kuàng),这样的音节发成类似于琴(qín)、菌(jǔn)、控(kòng)的错误音,整个音节的发音准确性和饱满度都会大打折扣。

事实上,这种错误是普通话学习当中很常见的一种语音面貌错误类型,叫作"受韵头节制韵腹拉不开的问题"。在带韵头复合韵母的发音中,本应保持音节中最大口腔开度的韵腹往往被窄化甚至直接被吃掉了。想要改正这个问题,我们仍需回到枣核型结构示意图中来重新审视韵头的界定与归属问题。

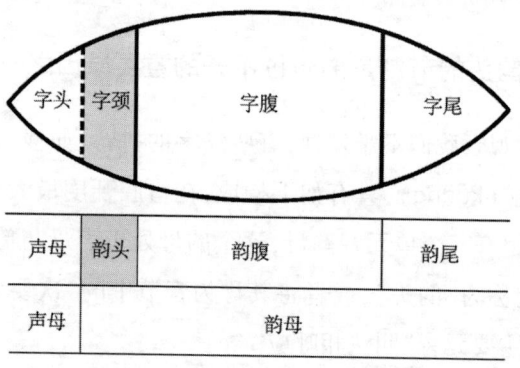

图 7-2 枣核型结构中的"韵头"

第七周　韵母中的韵腹在发音中开度不够的问题

二、韵头(或称介音)的归属与界定

我们再一次回到这张"枣核型结构"示意图,来重点关注韵头(或称介音)在整个枣核中所处的位置。首先,毋庸置疑的是,韵头是韵母的一部分,处在整个复合韵母最开头的部分,但是,韵头只占整个复合韵母音程中非常小的一个部分,"成音即走";其次,从另一个角度来说,韵头又是字头的一部分,有时我们还将韵头相应地称为"字颈",发音中,字颈与字头一道,需要"叼住弹出、蓄气有力",从这个角度来说,韵头似乎又拥有了声母的属性。既然从吐字归音的角度来说,韵头是字头的一部分,韵头似乎与声母的关系更为紧密,那么我们是否可以用声母的发音要求来对待韵头,甚至我们是否可以在零声母的音节中将韵头直接当作声母呢?

实际上,关于"韵头(或称介音)的界定与归属问题,一直以来都是学术界存在争议的问题,介音在音节结构中究竟应该属于声母还是韵母,学者们各执一词,同时也有学者认为介音可以独立,它既不属于声母也不属于韵母。我们在前文提到,在含有韵头的零声母音节中,韵头往往可以充当"代声母"的角色,甚至在写法上汉语拼音方案也做了具体的规定:韵头 u 使用 w,韵头 i 使用 y,韵头 ü 写作 yu。在读法上甚至也产生了一些异化,当 u 做代声母时,更多的人越来越倾向将其读成上齿与下唇接触的辅音 w[v],"新闻(uén)"读成"新闻(vén)"的现象在表达中越来越普遍。值得关注的是,在最新版的国家普通话水平测试评分细则中,这种语音已经得到了认可,不再将其认定为错误读音。因此,有些专家和学者呼吁把零声母条件下的介音列为单独的声母,因为它们似乎已经具备了一些辅音的属性。

但是无论如何,通过对韵头归属和界定的了解,我们看到了韵头的双重特性,认识到从吐字发声的角度,相较于韵母,韵头有着与声母更紧密的关系,韵头是带有一定声母属性的元音,抓住这一点便可以为我们克服"受韵头影响韵腹拉不开"的问题指明方向。

第三十三天·练习材料·带韵头复韵母单音节双音节词语练习

第三十三天 ia

单音节:俩 嫁 掐 牙 吓 假 嗲 虾
双音节:压价 假牙 下压 下嫁 家鸭 恰恰

ie

单音节:烈 铁 涅 杰 噘 叠 写 叶
双音节:贴切 结业 喋血 乜斜 歇业 谢帖

ua

单音节:挂 垮 华 抓 刷 话 寡 夸
双音节:娃娃 挂花 画卦 耍滑 花袜

uo

单音节:剁 裸 挪 托 货 裹 痤 缩
双音节:堕落 落座 活捉 硕果 错落 过错

üe

单音节:撅 雪 决 约 却 学 曰 略

第七周 韵母中的韵腹在发音中开度不够的问题

双音节：约略 绝学 月缺 乐章 掠夺

iao
单音节：料 表 瓢 雕 叫 鸟 晓 漂
双音节：逍遥 巧妙 教条 疗效 吊桥 缥缈

iou(iu)
单音节：拗 柳 球 究 秀 缪 流 休
双音节：优秀 救球 绣球 舅舅 悠久 久留

uai
单音节：快 怀 拐 衰 踹 拽 踝 乖
双音节：外快 怀揣 乖乖 摔坏 外拍

uei(ui)
单音节：对 嘴 回 亏 退 水 随 崔
双音节：魁伟 回归 溃退 水位 摧毁 队徽

第三十四天

073401:发音时使介音与声母抱团是解决韵腹拉不开的有效手段
073402:打开口腔的"金句"及练声小方法

在上一讲当中,我们讲解了"韵头"是音节当中一种较为特殊的组成部分,这种特殊不仅仅表现在介音发音时音程轻而短,还体现在它与声母共同构成了一个完整的字头,以及在零声母音节中韵头还会充当"代声母"的角色。通过对韵头特殊性的考察,在本讲当中,我们来学习解决受韵头节制韵腹拉不开问题的方法——在发音中使介音与声母紧密抱团,从而解放出本应属于韵腹的发音时长及口腔开度,最终还原整个音节的准确性与饱满度。

一、发音时使介音与声母抱团是解决韵腹拉不开的有效手段

为解决受韵头节制韵腹打不开而影响音准的问题,在发音

第七周 韵母中的韵腹在发音中开度不够的问题

时,我们可以在主观上有意识地使韵头(或称介音)与声母抱团,先将声母和韵头进行拼合,之后将这个拼合看作一个整体的"类声母",再用这个类声母组合与后面的主要元音韵腹进行拼合,进而发出一个正确的完整音节。

我们以"钱(qián)"这个音节进行举例:第一步,在主观上首先有意识地使"韵头 i"与"声母 q"抱团,先将声母和韵头进行拼合,组成并读出音节"qi";第二步,大声朗读出剥离了韵头的韵母其余部分,在"qián"这个音节当中对应的是前鼻韵母"an",改错者应充分打开口腔,调动声音积极度,反复发出圆润饱满的前鼻韵母"an";接下来的第三步,将第一步拼合得到的组合"qi"作为一个整体的字头,甚至将其看作一个整体的"类声母",进而用这个"类声母"组合与刚刚大声朗读的、被充分拉开的"an"进行拼合,"qi——an、qi——an",先分开读两遍,再在充分体会了字头、字腹和字尾的关系之后,将它们拼合成一个完整的音节,发出最终的音,"qi-an——qián、qi-an——qián"。总结一下,为了纠正受韵头影响韵腹拉不开的问题,我们将带韵头拼音音节进行了重新的划分及拼合,通过声母与韵头的拼合使得韵头准确地回到一个字头的角色中,同时通过夸张练习使韵腹充分打开,填充到韵头离开而空出的音程当中去,最终破除介音在语音改错者脑海中的错误印象,降低韵头在整个音节当中的不良影响,实现发音的准确、圆润、饱满。

另外,在零声母音节中,韵头 i、u、ü 充当代声母的情况下,直接将韵头看作声母进行改错即可。比如在"烟 yān"的发音中,同样遵循以上方法,"i——an、i——an""i—an——yān、i-an——yān",体会口腔的开度、主要元音的拉起。

二、打开口腔的"金句"及练声小方法

在本讲的后半段,分享一个有关韵腹拉起、打开口腔的"金句",以及一些简单的练习口腔打开的小方法。

首先,有关打开韵腹、控制口腔的总结性"金句"是:"张嘴像打哈欠,闭嘴如啃苹果。"虽然我们在前文讲到了打开口腔的十二字口诀"提颧肌、打牙关、挺软腭、松下巴",但是普通话语音与科学发声的学习就是这样,更加具体的、形象的、提纲挈领的表达能使学习者建立主观能动性,在意识上引领和指导自己的改错。打开口腔就像"打哈欠",让我们可以在最为放松的状态下体会口腔的开度,没有人会在打哈欠的状态下仍旧保持下巴的紧绷;合拢口腔就像"啃苹果",让我们一下子就找到了口腔控制的支点,而不再觉得每块肌肉都使出蛮劲儿才称得上唇齿有力。

其次,以下几个常见的实用练声方法也可以帮助学习者增强口腔开度。第一,结合气息的控制,反复发出单元音 a 的延长音。要求在发音过程中尽量做到"稳定":音高稳定、气息稳定、口腔控制稳定;第二,发出单元音 a 的夸张四声韵——ā、á、ǎ、à——体会声调和气息的充分配合;第三,反复发出盘旋的 a 音,绕梁而上或者绕梁而下;第四,发出有开口音的人名,比如经典的"阿毛"或者"小兰",等等。

第三十四天·练习材料·带韵头复韵母四音节词语练习

驾轻就熟	掐头去尾	恰如其分	侠肝义胆
铁面无私	喋喋不休	借题发挥	锲而不舍
画龙点睛	华而不实	花好月圆	夸夸其谈
脱颖而出	落落大方	卧薪尝胆	络绎不绝
绝无仅有	雪上加霜	血气方刚	略胜一筹
摇摇欲坠	焦头烂额	脚踏实地	咬文嚼字
流言蜚语	有声有色	丢三落四	流连忘返
歪风邪气	快马加鞭	怀才不遇	外强中干
归心似箭	绘声绘色	危在旦夕	对答如流

第三十五天

073501：音韵学中的"四呼"——开、齐、合、撮
073502："四呼"的发音要诀

在前两节的讲解中,我们一直围绕着"韵头""介音"展开教学,并以此为切入进行了"受韵头节制韵腹拉不开"问题的改错。那么在本周的最后一讲,我们将继续就与"韵头"密切相关的"四呼"的概念进行深入的讨论,同时分享韵母"四呼"的发音要诀。

一、音韵学中的"四呼"——开、齐、合、撮

"四呼"并不仅仅是现代汉语中的名词,它还是我国传统语言学当中的术语。"四呼"最初见于明末著作《韵法直图》,而后又出现在清朝潘耒的著作《类音》当中,"四呼"这个名词也从明清一直沿用至今。进一步讲,"四呼"就是汉语音韵学家依据发音中口、唇的形态对韵母所做的划分,分为开口呼、齐齿呼、合口呼、撮口呼四类,简称"开、齐、合、撮",并用它们来指称近现代汉语的介音系统。

第七周 韵母中的韵腹在发音中开度不够的问题

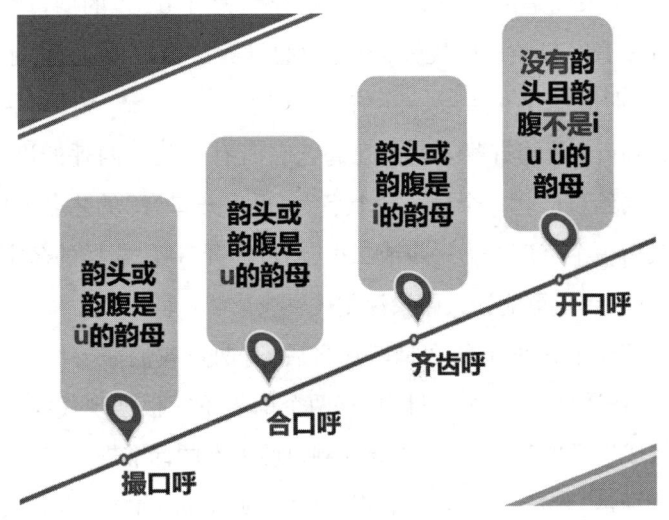

图 7-3 音韵学中的"四呼"

　　除了依据口型与唇形对韵母进行四呼分类以外,我们还可以从现代汉语音节构成的角度对韵母进行划分。"撮口呼"是韵头或韵腹为 ü 的韵母,按照此标准,撮口呼韵母一共有 4 个,分别是 ü、üe、ün、üan。发撮口呼的时候,上唇像一个"铲子"向前"撮"起,呈现一个近乎圆形的口唇形态;"合口呼"是韵头或韵腹为 u 的韵母,按此标准,合口呼韵母一共有 9 个,分别是"u、ua、uo、uai、uei(ui)、uan、uen、uang、ueng"。合口呼韵母发音时双唇近乎"合"拢,呈圆形;接下来是"齐齿呼"韵母,齐齿呼是韵头或韵腹为 i 的韵母,一共有 9 个,分别为"i、ia、ie、iao、iou(iu)、in、ian、ing、iang"。齐齿呼,顾名思义,就是发音时,上下齿几乎是对"齐"的;最后是"开口呼"韵母,实际上相对于"齐、合、撮"韵母来说,开口呼几乎就是"不带韵头韵母"的总称,严格来说是没有韵头且主要元音不为"i、u、ü"的韵母。开口呼发音时口腔开度较大,包含的韵母数量也最多,一共有15个,分别是 a、o、e、ê、er、-i(前)、-i(后)、ai、ei、ao、ou、an、en、ang、eng。我国有些老艺人在起艺名时有个关于四呼的讲究,就是要给自己起一个最后一个字为"平声开口音"的艺名,也就是最后一个字声调为一声或二声,韵母为开口呼,这样的名字更加朗朗上口,更能让人印象深刻。

整体上认识了什么是四呼之后,有两点我们需要注意:第一,在普通话的39个韵母中,有两个韵母不能根据现代汉语拼音构成进行四呼划分,而需要回到口唇形态的标准进行归类,它们分别是"合口呼韵母 ong"以及"撮口呼韵母 iong",有关四呼韵母的详细对应关系,请参看前文的"表7-1";第二,普通话中充当韵头的音素有且只有3个,分别是 i、u、ü。音韵学的"四呼"概念,从某个角度对带韵头韵母进行了再界定,因而,想要解决"受韵头节制韵腹拉不开"的语音问题,发好"四呼"就成了一个行之有效的途径。

二、"四呼"的发音要诀

"四呼"的发音要诀是我国艺术战线上的老艺人,也包括第一代播音教育工作者在自己的实践中总结出来的发声经验,它是"四呼"发音时最好的"心理支点"。大家知道,韵母的发音与声母不同,没有一个明确的发音部位和发音方式为语音改错提供参考,因此,除后文我们会详细讲到的"舌高点"或"近腭点"的概念之外,有效的心理支点就显得尤为重要。

具体来说,"四呼"发音要诀的表述为:"开口呼发力在喉;

第七周　韵母中的韵腹在发音中开度不够的问题

齿齿呼力在两齿；合口呼力在满口；撮口呼力在上唇或在嘴角。"开、齐、合、撮分别对应喉、齿、口、唇，这可以有效地指导普通话韵母，特别是带韵头韵母的发声。

开口呼发力在喉
齐齿呼发力在齿
合口呼力在满口
撮口呼力在上唇(或在嘴角)

图 7-4　"四呼"的发音要诀

第三十五天·练习材料·单韵母及带韵头复韵母绕口令练习

第三十五天

a-白石塔

　　白石塔，白石搭，白石搭白塔，白塔白石搭，搭好白石塔，白塔白又大。

o-婆婆和嬷嬷

　　婆婆和嬷嬷，来到山坡坡，婆婆默默采蘑菇，嬷嬷默默拔萝卜。婆婆拿了一个破簸箕，嬷嬷带了一个薄笸箩，婆婆采了半簸箕小蘑菇，嬷嬷拔了一笸箩大萝卜。婆婆采了蘑菇换饽饽，嬷嬷卖了萝卜买馍馍。

· 211 ·

e-鹅

坡上立着一只鹅,坡下就是一条河。宽宽的河,肥肥的鹅,鹅要过河,河要渡鹅。不知是鹅过河,还是河渡鹅。

ê-孩子和鞋子

孩子是孩子,鞋子是鞋子,孩子不是鞋子,鞋子不是孩子。是孩子穿鞋子,不是鞋子穿孩子。

i-七棵树上结七样儿

一二三,三二一,一二三四五六七。七个阿姨来摘果,七个花篮儿手中提。七棵树上结七样儿,苹果、桃子、石榴、柿子、李子、栗子、梨。

u-猴和虎

山前有只虎,山下有只猴。虎撵猴,猴斗虎;虎撵不上猴,猴斗不了虎。

ü-养鱼／女小吕和女老李／橘子

1.大渠养大鱼不养小鱼,小渠养小鱼不养大鱼。一天天下雨,大渠水流进小渠,小渠水流进大渠。大渠里有了小鱼不见大鱼,小渠里有了大鱼不见小鱼。

2.这天天下雨,体育局穿绿雨衣的女小吕,去找穿绿运动衣的女老李。穿绿雨衣的女小吕,没找到穿绿运动衣的女老李,穿绿运动衣的女老李,也没见着穿绿雨衣的女小吕。

3.吃橘子,剥橘子,橘皮丢在垃圾箱里。不吃橘子,不剥橘子,不把橘皮丢在垃圾箱里。

第七周 韵母中的韵腹在发音中开度不够的问题

er-说"尔"

要说"尔"专说"尔",马尔代夫,喀布尔,阿尔巴尼亚,扎伊尔,卡塔尔,尼泊尔,贝尔格莱德,安道尔,萨尔瓦多,伯尔尼,利伯维尔,班珠尔,厄瓜多尔,塞舌尔,哈密尔顿,尼日尔,圣彼埃尔,巴斯特尔,塞内加尔的达喀尔,阿尔及利亚的阿尔及尔。

-i(前)-大嫂子和大小子

一个大嫂子,一个大小子。大嫂子跟大小子比包饺子,看是大嫂子包的饺子好,还是大小子包的饺子好,再看大嫂子包的饺子少,还是大小子包的饺子少。大嫂子包的饺子又小又好又不少,大小子包的饺子又小又少又不好。

-i(后)-知之为知之

知之为知之,不知为不知,不以不知为知之,不以知之为不知,唯此才能求真知。

ia-霞和鸭

天上飘着一片霞,水上飘着一群鸭。霞是五彩霞,鸭是麻花鸭。麻花鸭游进五彩霞,五彩霞挽住麻花鸭。乐坏了鸭,拍碎了霞,分不清是鸭还是霞。

ie-茄子/瘸子

1.姐姐借刀切茄子,去把儿去叶儿斜切丝,切好茄子烧茄子,炒茄子、蒸茄子,还有一碗焖茄子。

2.打南边来了个瘸子,左手拿个碟子,右手拿个茄子,地上有个橛子,绊倒了瘸子,打碎了碟子,摔烂了茄子,瘸子踢倒橛子,捡起了碟子,拾起了茄子。

ua-画蛤蟆／瓜和花

1.一个胖娃娃,画了三个大花活蛤蟆;三个胖娃娃,画不出一个大花活蛤蟆。画不出一个大花活蛤蟆的三个胖娃娃,真不如画了三个大花活蛤蟆的一个胖娃娃。

2.小华和胖娃,两个种花又种瓜,小华会种花不会种瓜,胖娃会种瓜不会种花。

uo-狼打柴狗烧火／锅和窝

1.狼打柴,狗烧火,猫儿上炕捏窝窝,雀儿飞来蒸饽饽。

2.树上一个窝,树下一口锅,窝掉下来打着锅,锅要窝赔锅,窝要锅赔窝,搞了半天,不知锅赔窝,还是窝赔锅。

üe-真绝

真绝,真绝,真叫绝,皓月当空下大雪,麻雀游泳不飞跃,鹊巢鸠占鹊喜悦。

iao-鸟看表／倒吊鸟

1.水上漂着一只表,表上落着一只鸟。鸟看表,表瞪鸟,鸟不认识表,表也不认识鸟。

2.梁上两对倒吊鸟,泥里两对鸟倒吊。可怜梁上的两对倒吊鸟,惦着泥里的两对鸟倒吊,可怜泥里的两对鸟倒吊,也惦着梁上的两对倒吊鸟。

iou(iu)-酒换油／六十六岁的陆老头

1.一葫芦酒,九两六。一葫芦油,六两九。六两九的油,要换九两六的酒,九两六的酒,不换六两九的油。

2.六十六岁的陆老头,盖了六十六间楼,买了六十六篓油,养了六十六头牛,栽了六十六棵垂杨柳。六十六篓油,堆在六十六间楼;六十六头牛,扣在六十六棵垂杨柳。忽然一阵狂风起,吹倒了六十六间楼,翻倒了六十六篓油,折断了六十六棵垂杨柳,砸死了六十六头牛,急煞了六十六岁的陆老头。

uai-槐树槐

槐树槐,槐树槐,槐树底下搭戏台,人家的姑娘都来了,我家的姑娘还不来。说着说着就来了,骑着驴,打着伞,歪着脑袋上戏台。

uei(ui)-接水 / 嘴和腿

1.威威、伟伟和卫卫,拿着水杯去接水。威威让伟伟,伟伟让卫卫,卫卫让威威,没人先接水。一二三,排好队,一个一个来接水。

2.嘴说腿,腿说嘴,嘴说腿,爱跑腿,腿说嘴,爱卖嘴,光动嘴,不动腿,光动腿,不动嘴,不如不长腿和嘴,到底是那嘴说腿,还是腿说嘴。

第八周　复合韵母发音中舌位动程不足的问题

第八周学习内容

083601：相对于"单韵母"的"复合韵母"概念
083602：什么是复合韵母发音中的"舌位动程"
083701：与舌位动程密切相关的"近腭点"概念
083702：两个由舌位动程不足引发的常见韵母发音问题
083801：什么是复合韵母单元音化的问题
083802："舌位高低"与"口腔开度"之间的关系
083901：什么是复韵母宽窄音混淆的问题
083902：普通话中有哪些宽窄对位的复合韵母
084001：方法一：利用对比音将问题夸大，达到倒逼式改错效果
084002：方法二：利用预设的交错对比体会口腔的控制、舌位的动程

第八周 复合韵母发音中舌位动程不足的问题

第三十六天

083601：相对于"单韵母"的"复合韵母"概念
083602：什么是复合韵母发音中的"舌位动程"

在普通话韵母的学习中,我们需要关注两类学习对象和两个学习重点。两类学习对象分别是"单韵母"与"复合韵母",两个学习重点分别是"口腔的开度"与"舌位的动程"。可以说,普通话语音学习者和改错者,如果能够做到在韵母的发音中,保持足够的口腔开度,完成应有的舌位动程,实现良好的口腔控制,那么他的韵母的发音质量一定是过关甚至是过硬的,一定能够达到准确基础上的圆润、饱满、悦耳、动听。

针对以上学习目标,在上一周我们以"单韵母"为对象主要讲解了"口腔开度"的问题,那么在本周当中,我们将转向下一个学习目标——"复合韵母",关注另一个学习重点——"舌位动程"。

一、相对于"单韵母"的"复合韵母"概念

在现代汉语语音学中,汉语拼音音节中声母后面的部分统

称为韵母,普通话一共有39个韵母。按照韵母的语音结构可以分为三大类:单韵母、复韵母与鼻韵母。所谓"单韵母",就是由一个元音构成的韵母,又叫单元音韵母,普通话中单元音韵母共有10个:a、o、e、ê、i、u、ü、-i(前)、-i(后)、er;由两个或三个元音结合而成的韵母叫"复韵母",普通话共有13个复韵母:ai、ei、ao、ou、ia、ie、ua、uo、üe、iao、iou(iu)、uai、uei(ui)。根据主要元音所处的位置,复韵母还可分为前响复韵母、中响复韵母和后响复韵母;"鼻韵母"指由一个或两个元音后面带上鼻辅音作为韵尾而构成的韵母,鼻韵母共有16个,分别是:an、ian、uan、üan、en、in、uen、ün、ang、iang、uang、eng、ing、ueng、ong、iong(以上内容可参考前文"表7-1")。

在本书中,为了从整体上凸显与单韵母发音时"舌位不移动"特点的相对性,我们将"复韵母"与"鼻韵母"统称为"复合韵母",所谓"复合韵母"就是由两个或者三个元音或鼻辅音音素结合而成的韵母。

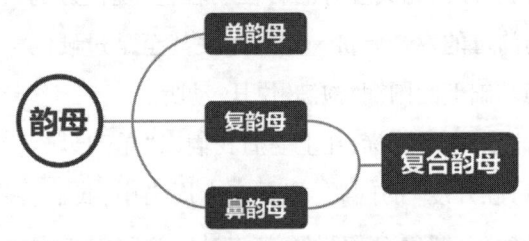

图8-1 复合韵母在韵母中的定位

二、什么是复合韵母发音中的"舌位动程"

我们知道,在口型与舌位变化方面,单元音韵母的发音特点

第八周 复合韵母发音中舌位动程不足的问题

是自始至终口型不变、舌位不移动。而相对的,复合韵母是由几个音素结合而成的,那么在复合韵母的发音过程中,就一定伴随有舌位的滑动和位移,这种复合韵母发音时舌位的明显移动过程就是我们在韵母学习中要重点强调的另一个概念——"舌位动程"。复合韵母发音时舌位动程不足的问题是各地方言中常见的语音现象,它是韵母学习中的重点和难点。

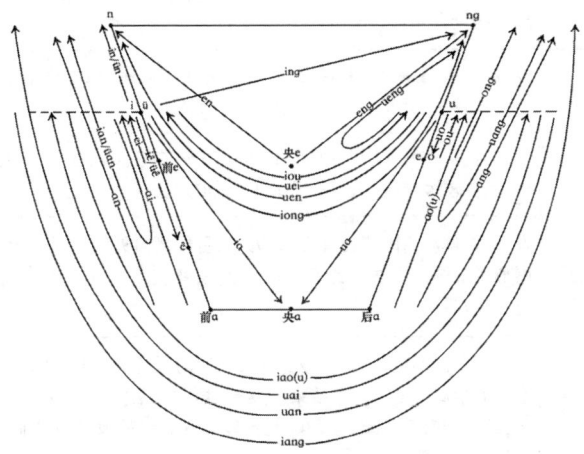

图 8-2 复合韵母舌位动程示意图

表 8-1 关于复合韵母舌位动程的描述

ai[ɑi]	发音时,a[ɑ]是比单元音 a[A]舌位靠前的前低不圆唇元音。发 a[ɑ]时,口大开,扁唇,舌面前部略隆起,舌尖抵住下齿背,声带振动。发 ai[ɑi]时,a[ɑ]清晰响亮,后头元音 i[i]含混模糊,只表示舌位滑动的方向。
ao[ɑu]	发音时,a[ɑ]是比单元音 a[A]舌位靠后的后低不圆唇元音。发 a[ɑ]时,口大开,扁唇,舌头后缩,舌面后部略隆起,声带振动。发 ao[ɑu]时,a[ɑ]清晰响亮,后头的元音 o[u]位状态接近单元音 u[u](拼写作 o,实际发音接近 u),但舌位略低,只表示舌位滑动的方向。

续表

ei[ei]	发音时,起点元音是前半高不圆唇元音e[e],实际发音舌位略靠后靠下,接近央元音[ə]。发ei[ei]时,开头的元音e[e]清晰响亮,舌尖抵住下齿背,使舌面前部隆起与硬腭中部相对。从e[e]开始舌位升高,向i[i]的方向往前高滑动,i[i]的发音含混模糊,只表示舌位滑动的方向。
ou[ou]	发音时,起点元音o比单元音o[o]的舌位略高、略前,唇形略圆。发音时,开头的元音o[o]清晰响亮,舌位向u的方向滑动,u[u]的发音含混模糊,只表示舌位滑动的方向。ou是普通话复韵母中动程最短的复合元音。
ia[ia]	发音时,从前高元音i[i]开始,舌位滑向央低元音a[a]结束。i[i]的发音较短,a[a]的发音响亮而且时间较长。
ie[iɛ]	发音时,从前高元音i[i]开始,舌位滑向前半低元音ê[ɛ]结束。i[i]发音较短,ê[ɛ]发音响亮而且时间较长。
ua[uɑ]	发音时,从后高圆唇元音u[u]开始,舌位滑向央低元音a[a]结束。唇形由最圆逐步展开到不圆。u[u]发音较短,a[a]的发音响亮而且时间较长。
uo[uo]	由圆唇后元音复合而成。发音时,从后高元音u[u]开始,舌位向下滑到后半高元音o[o]结束。发音过程中,唇形保持圆唇,开头最圆,结尾圆唇度略减。u[u]发音较短,o[o]的发音响亮而且时间较长。
üe[yɛ]	由前元音复合而成。发音时,从圆唇的前高元音ü[y]开始,舌位下滑到前半低元音ê[ɛ],唇形由圆到不圆。ü[y]的发音时间较短,ê[ɛ]的发音响亮而且时间较长。
iao[iau]	发音时,由前高不圆唇元音i[i]开始,舌位降至后低元音a[a],唇形从中间的元音a[a]开始由不圆唇变为圆唇。
iou[iou]	发音时,由前高不圆唇元音i[i]开始,舌位后移且降至后半高元音[o],然后再向后高圆唇元音u[u]的方向滑升。发音过程中,舌位先降后升,由前到后。唇形由不圆唇开始到后元音[o]时,逐渐圆唇。

第八周 复合韵母发音中舌位动程不足的问题

续表

uai[uai]	发音时,由圆唇的后高元音 u[u]开始,舌位向前滑降到前低不圆唇元音 a[a](即"前 a"),然后再向前高不圆唇元音 i[i]的方向滑升。舌位动程先降后升,由后到前。唇形从最圆开始,逐渐减弱圆唇度,至发前元音 a[a]始渐变为不圆唇。
uei[uei]	发音时,由后高圆唇元音 u[u]开始,舌位向前向下滑到前半高不圆唇元音 e[e]的位置,然后再向前高不圆唇元音 i[i]的方向滑升。发音过程中,舌位先降后升,由后到前。唇形从最圆开始,随着舌位的前移,渐变为不圆唇。
an[an]	发音时,起点元音是前低不圆唇元音 a[a],舌尖抵住下齿背,舌位降到最低,软腭上升,关闭鼻腔通路。口形由开到合,舌位移动较大。
en[ən]	发音时,起点元音是央元音 e[ə],舌位中性(不高不低、不前不后),舌尖接触下齿背,舌面隆起部位受韵尾影响略靠前。口形由开到闭,舌位移动较小。
in[in]	发音时,起点元音是前高不圆唇元音 i[i],舌尖抵住下齿背,软腭上升,关闭鼻腔通路。从舌位最高的前元音 i[i]开始,舌面升高,舌面前部抵住硬腭前部,当两者将要接触时,软腭下降,打开鼻腔通路,紧接着舌面前部与硬腭前部闭合,使在口腔中受到阻碍的气流从鼻腔透出。开口度几乎没有变化,舌位动程很小。
ün[yn]	发音时,起点元音是前高圆唇元音 ü[y]。与 in 的发音过程基本相同,只是唇形变化不同。从圆唇的前元音 ü 开始,唇形从圆唇逐步展开,而 in 的唇形始终是展唇。
ian[iɛn]	发音时,从前高不圆唇元音 i[i]开始,舌位向前低元音 a[a](前 a)的方向滑降,舌位只降到半低前元音 ê[ɛ]的位置就开始升高。
uan[uan]	发音时,由圆唇的后高元音 u[u]开始,口形迅速由合口变为开口状,舌位向前迅速滑降到不圆唇的前低元音 a[a](前 a)的位置就开始升高。
üan[yɛn]	发音时,由圆唇的后高元音 ü[y]开始,向前低元音 a[a]的方向滑降。舌位只降到前半低元音 ê[ɛ]略后的位置就开始升高。

续表

uen[uən]	发音时,由圆唇的后高元音 u[u]开始,向央元音 e[ə]的位置滑降,然后舌位升高。发 e[ə]后,软腭下降,逐渐增强鼻音色彩,舌尖迅速移到上齿龈,最后抵住上齿龈做出发鼻音-n 的状态。唇形由圆唇在向中间折点元音滑动的过程中渐变为展唇。
ang[ɑŋ]	发音时,起点元音是后低不圆唇元音 a[ɑ](后 ɑ),口大开,舌尖离开下齿背,舌头后缩。从"后 ɑ"开始,舌面后部抬起,当贴近软腭时,软腭下降,打开鼻腔通路,紧接着舌根与软腭接触,封闭了口腔通路,气流从鼻腔里呼出。
eng[əŋ]	发音时,起点元音是央元音 e[ə]。从 e[ə]开始,舌面后部抬起,贴向软腭。当两者将要接触时,软腭下降,打开鼻腔通路,紧接着舌根抵住软腭,使在口腔中受到阻碍的气流从鼻腔里呼出。
ing[iŋ]	发音时,起点元音是前高不圆唇元音 i[i],舌尖接触下齿背,舌面前部隆起。从 i[i]开始,舌面隆起部位不降低,一直后移,舌尖离开下齿背,逐步使舌面后部隆起,贴向软腭。当两者将要接触时,软腭下降,打开鼻腔通路,紧接着舌根抵住软腭,封闭口腔通路,气流从鼻腔呼出。口形没有明显变化。
ong[uŋ]	发音时,起点元音是后高圆唇元音 u[u],但比 u 的舌位略低一点,舌尖离开下齿背,舌头后缩,舌根隆起,软腭上升,关闭鼻腔通路。唇形始终拢圆。
iang[iɑŋ]	发音时,由前高不圆唇元音 i[i]开始,舌位向后滑降到后低元音 a[ɑ](后 ɑ),然后舌位升高。
uang[uɑŋ]	发音时,由圆唇的后高元音 u[u]开始,舌位滑降至后低元音 a[ɑ](后 ɑ),然后舌位升高。从后低元音 a[ɑ]开始,舌根贴向软腭。唇形从圆唇在向元音 ɑ 的滑动中渐变为展唇。
ueng[uəŋ]	发音时,由圆唇的后高元音 u[u]开始,舌位滑降到央元音 e[ə]的位置,然后舌位升高。从央元音 e[ə]开始,舌根贴向软腭。唇形从圆唇在向中间折点元音滑动过程中渐变为展唇。
iong[yŋ]	发音时,起点元音是舌面前高圆唇元音 ü[y],发 ü[y]后,软腭下降,打开鼻腔通路,紧接着舌根抵住软腭,封闭口腔通路,气流从鼻腔里呼出。

第八周　复合韵母发音中舌位动程不足的问题

通过对复合韵母舌位动程描述表的认真阅读，我们会发现，虽然复合韵母是由几个元音或者是由元音和鼻辅音构成的，舌位由一个音位移动到另外一个音位，有的时候甚至是在三个音位之间位移。但是在实际的发音中，舌位的动程并不是起点音、终点音和中间音音位之间的简单组合和串联，复合韵母的发音是一个整体，舌位的动程是连续与互相影响的，某些音素原本的舌位会发生轻微的变化，这一点请普通话学习者特别加以重视。

第三十六天·练习材料·部分复合韵母的小单元字词练习

第三十六天

ai
单音节：拜　牌　买　猜　赖　楷　抬　栽
双音节：摆拍　白菜　拍卖　迈开　爱戴　开牌
四音节：拍手称快　海阔天空　来日方长　外圆内方

ei
单音节：内　磊　陪　杯　媚　翡　贼　黑
双音节：配备　培肥　蓓蕾　北美　飞贼　黑妹
四音节：黑白分明　飞黄腾达　悲欢离合　雷霆万钧

ao
单音节：爆　脑　豪　捞　茂　导　潮　糕
双音节：高潮　报告　毫毛　祷告　叨唠　高帽
四音节：劳而无功　道貌岸然　报仇雪恨　草草了事

ou
单音节:豆 口 眸 偷 漏 吼 投 剖
双音节:豆蔻 欧洲 收购 漏斗 某头 守口
四音节:手忙脚乱 手舞足蹈 守口如瓶 臭名远扬

（由于带韵头复韵母与鼻韵母的词语练习已在前文中列出过,在这里就不再重复）

第八周　复合韵母发音中舌位动程不足的问题

第三十七天

083701：与舌位动程密切相关的"近腭点"概念
083702：两个由舌位动程不足引发的常见韵母发音问题

在上一讲当中，我们学习了复合韵母的"舌位动程"，与单韵母相比，复合韵母最大的不同就是需要在发音时完成足够的舌位滑动和位移。在对每一个复合韵母舌位动程的描述中，我们往往会提到起点元音和终点音的舌位，如果我们想要快速且准确地定位每一个单元音的舌位，就必须首先弄清与舌位动程密切相关的"近腭点"概念。另外，在本讲的后半段，我们再来对两个由舌位动程不足引发的常见韵母发音问题进行简单的梳理，为之后更加深入的韵母学习打牢基础。

一、与舌位动程密切相关的"近腭点"概念

我们都知道，辅音与元音最大的不同就是，在辅音发音时呼出的气流在口腔中会受到不同程度的阻碍，人体的发音器官，如舌体会与口腔中的某些部位接触成阻，或由双唇紧闭成阻。正因如此，在先前声母的学习中，我们已经学会并习惯了一种通过

成阻部位来发出正确目标音的方法。当由声母学习转向韵母学习的初始,在谈到找准韵母舌位的时候,总是会有人提出这种类似的疑问:"在这个韵母的发音中我的舌头应该抵住什么地方呢?"讲到这里,我们就必须提到,想要发准韵母,首先要破除一个认识上的误区,就是在找寻韵母正确发声位置和状态的方法时,不能再像学习声母时候一样,再去寻找"成阻点"了,而是应该关注另一个概念——"近腭点"。

"近腭点"也叫"舌高点",它是在单元音的发音时,舌面隆起而最接近上腭的那个最高点。我们先前讲过的十个单元音韵母,除去两个舌尖元音-i(前)和-i(后),其余的舌面元音都有一个独特的"近腭点",这些高低前后各不相同的近腭点,就是我们快速辨别并找准每个复合韵母起点音或终点元音的重要依据,是我们韵母学习和改错所需的重要生理与心理基石。

为了具体感受不同单元音近腭点的差别,我们选取了单元音韵母中的三个典型样本 i、a、u 进行对比体会。请普通话学习者结合自身的发音体会并参考图8-3,我们先将单元音 i 与 u 结成一组,反复发出"i——u——;i——u——",发音过程中可以非常明显地体会到舌位有"前与后"的对比,i 更靠前而 u 较靠后;之后我们再将单元音 a 与 u 结成一组,反复发出"a——u——;a——u——",这一次我们将关注点放在舌位的高低对比上,很显然,a 的舌位相对较低,而 u 需要舌体的后部向上隆起,舌位偏高。而实际上,我们在这里感受到的"舌位"前与后的变化、高与低的对比,就是每个元音"近腭点"的不同。

接下来,我们继续通过一张图片来了解所有舌面单元音的近腭点位置,也就是每个复合韵母起点与终点元音舌位的大致

第八周　复合韵母发音中舌位动程不足的问题

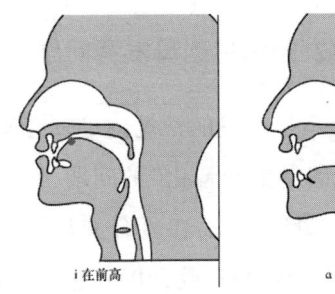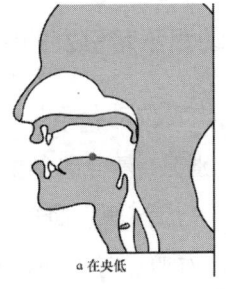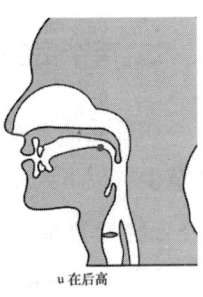

i 在前高　　　　　a 在央低　　　　　u 在后高

图 8-3　单元音 i、a、u 的近腭点示意图

位置。图 8-4 中标记出了"前、央、后""高、半高、半低、低""开、半开、半闭、闭",分别代表了舌位的前后、舌位的高低、口型的开合等维度,这些维度是我们定位单元音"近腭点",进而发准每一个复合韵母的重要参考。普通话学习者可以对应图 8-4,首先一一发出舌面单元音韵母 a、o、e、i、u、ü、ê、er;再结合前文的图 8-3,逐一发出 29 个复合韵母,用以考察自己是否拥有足够的舌位动程。

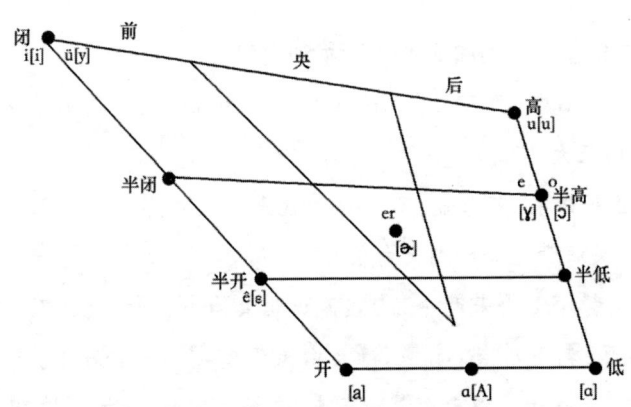

图 8-4　舌面单元音舌位图

二、两个由舌位动程不足引发的常见韵母发音问题

在普通话发音中,由舌位动程不足引发的常见韵母发音问题至少有以下两个,分别是"复合韵母单元音化"的问题,以及"复合韵母宽窄音混淆"的问题。简单来说,在复合韵母发音中,舌位完全不移动,没有明显舌位动程与口腔开度变化,就会造成"复合韵母单元音化"的问题;而舌位有移动而滑动距离不足,就会造成"宽韵母窄化"的问题,相对的,有时候舌位动程过于夸张、移动距离过大还会造成"窄韵母宽化"的问题。总之,这种语音错误现象被称为"复合韵母宽窄音混淆"的问题,在下文中我们将会针对以上两个问题开展深入的教学与讨论。

第三十七天·练习材料·前响复韵母与鼻韵母的绕口令练习

ai-白石塔 / 白菜和海带 / 菠菜和白菜

1.白石塔,白石搭,白石搭白塔,白塔白石搭,搭好白石塔,白塔白又大。

2.买白菜,搭海带,不买海带就别买大白菜。买卖改,不搭卖,不买海带也能买到大白菜。

3.营房里出来两个排,直奔正北菜园来,一排浇菠菜,二排砍白菜。剩下八百八十八棵大白菜没有掰。一排浇完了菠菜,又把八百八十八棵大白菜掰下来;二排砍完白菜,把一排掰下来的八百八十八棵大白菜背回来。

ei-**贝贝和菲菲**/**大妹和小妹**

1.贝贝飞纸飞机,菲菲要贝贝的纸飞机,贝贝不给菲菲自己的纸飞机,贝贝教菲菲自己做能飞的纸飞机。

2.大妹和小妹,一起去收麦。大妹割大麦,小妹割小麦。大妹帮小妹挑小麦,小妹帮大妹挑大麦。大妹小妹收完麦,噼噼啪啪齐打麦。

ao-**猫和鸟**/**扔草帽**

1.东边庙里有个猫,西边树梢有只鸟。猫鸟天天闹,不知是猫闹树上鸟,还是鸟闹庙里猫。

2.隔着墙头扔草帽,也不知是草帽套老头儿,还是老头儿套草帽。

ou-**打拳头**

东边一座楼,楼上两人打拳头。拳头打,打拳头。来了一个人,拉了一头牛,将牛拴在楼脚下,看他两人打拳头。拳头打,打拳头。又来了一个人,领了一只猴,将猴放在牛脚下,看他两人打拳头。拳头打,打拳头。又来了一个人,挑了一担油,将油放在猴脚下,看他两人打拳头。拳头打,打拳头。又来了一个人,挑了一担绸,将绸放在油脚下,看他两人打拳头。拳头打,打拳头,两人打垮车边楼。

an-**蓝布棉门帘**/ **比眼**

1.出前门,往正南,有个面铺面冲南,门口挂着蓝布棉门帘。摘了它的蓝布棉门帘,棉铺面冲南,给它挂上蓝布棉门帘,面铺还是面冲南。

2.山前有个严圆眼,山后有个严眼圆,二人山前来比眼,不知是山前的严圆眼比山后的严眼圆的眼圆,还是山后的严眼圆比山前的严圆眼的眼圆。

en-**小陈和小沈** / **闷娃和笨娃**

1.小陈去卖针,小沈去卖盆。俩人挑着担,一起出了门。小陈喊卖针,小沈喊卖盆。也不知是谁卖针,也不知是谁卖盆。

2.闷娃闷,笨娃笨。闷娃嫌笨娃笨,笨娃嫌闷娃闷。闷娃说笨娃我闷你笨,笨娃说闷娃我笨你闷。也不知闷娃笨还是笨娃闷。

in-**你也勤我也勤** / **银星**

1.你也勤来我也勤,生产同心土变金。工人农民亲兄弟,心心相印团结紧。

2.天上有银星,星旁有乌云,乌云要遮银星,银星躲过乌云,不让乌云遮银星。

ün-**换裙子**

军车运来一堆裙,一色军用绿色裙。军训女生一大群,换下花裙换绿裙。

ian-**半边莲** / **南山修座发电站**

1.半边莲,莲半边,半边莲长在山涧边。半边天路过山涧边,发现这片半边莲。半边天拿来一把镰,割了半筐半边莲。半筐半边莲,送给边防连。

2.出了营门向南看,南山修座发电站。全团都在把活儿干。你也不能站着看,你是帮着一营修发电站,还是帮着二营、三营刨土埋电线杆,还是爬上电线杆帮着架电线。

第八周 复合韵母发音中舌位动程不足的问题

uan –帆船

大帆船,小帆船,竖起桅杆撑起船。风吹帆,帆引船,帆船顺风转海湾。

üan–**画圆圈**

圆圈圆,圈圆圆,圆圆娟娟画圆圈。娟娟画的圈连圈,圆圆画的圈套圈。娟娟圆圆比圆圈,看看谁的圆圈圆。

uen(un)–孙伦打靶

孙伦打靶真叫准,半蹲射击特别神,本是半路出家人,摸爬滚打练成神。

ang –砸缸

小光和小刚,抬着水桶上山岗。上山岗,歇歇凉,拿起竹竿玩打仗。乓乓乓,乒乒乒,打来打去砸了缸。小光怪小刚,小刚怪小光,小光小刚都怪竹竿和水缸。

eng–台灯和屏风

郑政捧着盏台灯,彭澎扛着架屏风,彭澎让郑政扛屏风,郑政让彭澎捧台灯。

ing-**望月空满天星/天上七颗星**

1.望月空,满天星,光闪闪,亮晶晶,好像那,小银灯,仔细看,看分明,大大小小,密密麻麻,闪闪烁烁,数也数不清。

2.天上七颗星,树上七只鹰,梁上七个钉,台上七盏灯。拿扇扇了灯,用手拔了钉,举枪打了鹰,乌云盖了星。

ong–**栽葱和栽松/补桶**

1.冲冲栽了十畦葱,松松栽了十棵松。冲冲说栽松不如栽葱,松松说栽葱不如栽松。是栽松不如栽葱,还是栽葱不如栽松。

2.桐木桶,桶有洞,补洞用桐不用铜。用铜补洞补不住,用桐补桶桶无洞。

iang-羊和墙 / 绵羊和黄狼

1.杨家养了一只羊,蒋家修了一道墙。杨家的羊撞倒了蒋家的墙,蒋家的墙压死了杨家的羊。杨家要蒋家赔杨家的羊,蒋家要杨家赔蒋家的墙。

2.山下放绵羊,山上有黄狼。黄狼追绵羊,绵羊满山藏。放羊的打狼狼追羊,眼看绵羊要遭殃,忽然一阵鞭子响,打跑了黄狼保住了羊。

uang-王庄和匡庄

王庄卖筐,匡庄卖网,王庄卖筐不卖网,匡庄卖网不卖筐,你要买筐别去匡庄去王庄,你要买网别去王庄去匡庄。

ueng-老翁和老翁

老翁卖酒老翁买,老翁买酒老翁卖。

iong-学游泳 / 俩兄弟

1.小勇勇敢学游泳,勇敢游泳是英雄。

2.小熊和大熊,小熊小大熊一月,大熊大小熊一月,小熊是弟弟,大熊是哥哥,俩兄弟齐心闯天涯。

第八周 复合韵母发音中舌位动程不足的问题

第三十八天

083801：什么是复合韵母单元音化的问题
083802："舌位高低"与"口腔开度"之间的关系

上一讲的末尾我们提到，由舌位动程不足引发的常见韵母发音问题包括"复合韵母单元音化"以及"复合韵母宽窄音混淆"两个问题。在本讲当中，我们先来关注什么是"复合韵母单元音化"的问题以及该语音问题的改正方法。

一、什么是复合韵母单元音化的问题

在河北、山西、山东、陕西、甘肃等北方省份的方言中，普遍存在这样一种语音面貌问题，就是发音时声音较瘪，口腔控制非常死板，不仅仅单韵母发音时张不开嘴，复韵母发音时口形也缺乏明显的变化。该语音面貌的典型双音节词语是"白菜（báicài）"，在上述方言地区，人们往往将这个词发成声母 b 与类似于英语中的单元音 æ 相拼合而成的音节，听起来就像是"白菜（bæ2cæ4）"，实际上这是典型的"复合韵母单元音化"的问题，造成这一问题的原因就是复合韵母发音时舌位动程不足，口腔开度不够。

我们就以复韵母 ai[ai]为例展开分析。在 ai[ai]的发音中，舌位移动的总体趋势是由前低元音 a[a]滑向前高元音 i[i]。具体来说，发 a[a]时，口大开，扁唇，舌面前部略隆起，舌尖抵住下齿背，之后舌尖开始向口腔的前高位置抬起，虽然元音 i[i]在 ai[ai]的发音中只表示舌位滑动的方向，但是整个发音过程中仍然伴随非常明显的舌位抬高以及随之而来的口腔开度的由大变小。而有"复韵母单元音化"这一语音问题的人们，在复韵母"ai[ai]"的发音过程中，舌位并无移动，口腔并无开合，而大多只是发出了前低元音 a[a]与前高元音 i[i]之间的一个中间音，这个音有些像我们之前提到的现代汉语中根本不存在的"æ"，有些人也会发成类似于单韵母 ê[ɛ]的发音，其实这都是错误的。

复合韵母单元音化的问题在所有复合韵母的发音上都有可能发生，但是相较之下，在"ai、ao、an、ang、ei"上出现的频率更高。

二、"舌位高低"与"口腔开度"之间的关系

在本周的学习中，虽然我们首先以单韵母为例解决了口腔开度不足的问题，之后再以复合韵母为例开始关注舌位动程的问题，但是这并不意味着在复合韵母的学习中就不必关注口腔的开度了。事实恰恰相反，可以这么说，舌位动程不足一定会引发连带的口腔开度不够的问题，而复合韵母发音中的开度不够问题归根到底是由舌位动程不足而引起的。我们如果要改正"复合韵母单元音化"的语音问题，就需要再次从关注口腔开合这一维度来寻找解决的思路。

第八周 复合韵母发音中舌位动程不足的问题

前文曾经提到过,我们最熟悉的六个单元音 a、o、e、i、u、ü 的排列顺序,实际上就遵循了口腔开度由大到小的原则,这个判断在"舌面单元音舌位图"当中又一次得到了验证。在"舌面单元音舌位图"当中,除了表示舌位前后的"前、央、后"以及表示舌位高低的"高、半高、半低、低"之外,在最左侧还标记了"闭、半闭、半开、开"——这个标记不仅仅指导了单韵母发音时的口腔开合,还将单韵母发音时"舌位高低"与"口腔开合"之间的关系以最直观的形式呈现了出来:单韵母发音时,舌位越低口腔开度越大,舌位越高口腔开度越小。

确定了"舌位高低"与"口腔开合"之间的关系,我们就找到了改正"复合韵母单元音化"的依据。我们知道,"复合韵母单元音化"问题的实质是舌位的动程不足甚至没有动程,但是,与舌位动程相比,更加外化的、更为明显的、更容易被我们感知到的错误表征是口腔的开合非常轻微甚至没有开合。基于此,我们便可以逆向思维,如果改错者想要改正复合韵母发音时单元音化的问题,在发音过程中就要时刻进行自我提醒和暗示:复合韵母发音时,口腔一定要有开合的动作,无论是从开到闭,还是从闭到开,总之需要至少完成一次开合过程。这个方法的核心就是,用更加直观的口腔开合动作,倒逼发音者的舌位完成应有的位移和滑动,即完成应该有的舌位动程。以"白菜"这个词为例,学习者可以进行自我体会。在错误的发音"白菜(bæ2cæ4)"中,韵母发音时舌位基本就固定在一个点,口腔开度也只定格在一个高度,而在正确的读法"白菜(báicài)"中,复韵母的发音有一个非常明显的口腔开度由大到小的运动,实际上这个动作正是与舌位由低到高的移动过程密切相关的。

第三十八天·练习材料·易单元音化的复合韵母的字词练习

第三十八天
a：阿 ā-艾 ài-案 àn-熬 áo-盎 àng
b：霸 bà-白 bái-班 bān-报 bào-帮 bāng
p：爬 pá-牌 pái-盘 pán-跑 pǎo-旁 páng
m：马 mǎ-霾 mái-慢 màn-猫 māo-忙 máng
f：发 fā-△fai-烦 fán-△fao-方 fāng
d：大 dà-待 dài-单 dān-岛 dǎo-当 dāng
t：他 tā-泰 tài-弹 tán-掏 tāo-唐 táng
n：拿 ná-奶 nǎi-男 nán-挠 náo-馕 náng
l：辣 là-来 lái-栏 lán-捞 lāo-浪 làng
g：咖 gā-盖 gài-敢 gǎn-高 gāo-刚 gāng
k：卡 kǎ-凯 kǎi-看 kàn-考 kǎo-扛 káng
h：哈 hā-还 hái-喊 hǎn-好 hǎo-行 háng
z：杂 zá-在 zài-咱 zán-早 zǎo-脏 zāng
c：擦 cā-才 cái-惨 cǎn-草 cǎo-藏 cáng
s：洒 sǎ-赛 sài-三 sān-骚 sāo-桑 sāng
zh：扎 zhā-窄 zhǎi-站 zhàn-找 zhǎo-张 zhāng
ch：查 chá-柴 chái-产 chǎn-吵 chǎo-长 cháng
r：△ra-△rai-冉 rǎn-绕 rào-嚷 rǎng
sh：杀 shā-筛 shāi-闪 shǎn-烧 shāo-伤 shāng
w：娃 wá-外 wài-晚 wǎn-△wao-忘 wàng

第八周 复合韵母发音中舌位动程不足的问题

第三十九天

083901：什么是复合韵母宽窄音混淆的问题
083902：普通话中有哪些宽窄对位的复合韵母

本讲我们来关注复合韵母发音中的另一个常见语音问题——"宽窄音混淆"，在前文的讲解中，我们已经明确了"舌位动程"和"口腔开度"之间的关系，明晰了在复合韵母的发音中它们实际上是同一问题的"一体两面"。同样的，发准"宽窄韵母"的关键仍是舌位高低与口腔开度的准确。

一、什么是复合韵母宽窄音混淆的问题

韵母的"宽窄对比"是指在韵母发音过程中舌位动程大小之间的对比关系，每一对有宽窄对比的韵母，它们的舌位动程的运动方向或曲线是相近或者相似的，它们之间的区分主要表现在韵腹元音的舌位高低上，最明显的表现就在口腔开度大小的对比上，而处在韵头的元音音素或处在韵尾的元音或鼻辅音音素是相同的，在普通话中复韵母与鼻韵母都存在宽窄音对比的情况。

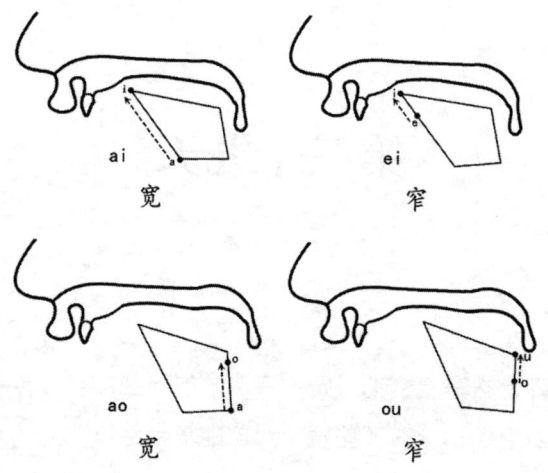

图 8-5 两组宽窄对比音 ai-ei 与 ao-ou 的舌位动程对比图

为了说明复合韵母中的宽窄对比现象,明确"宽窄音混淆"问题的成因,我们以图 8-5 中两组典型的宽窄对比音"ai 与 ei"以及"ao 与 ou"为例进行分析。首先,能够成为"宽窄对比音",它们一定有发音相似的地方,具体表现为舌位动程的方向相同、曲线相似,韵头或韵尾相同。通过图 19 我们发现,ai 和 ei 这对宽窄音的主要元音近腭点都在口腔前部,舌位滑动的趋势和方向都是由低到高的。另外,两者的归音音位是相同的,都以 i 作为韵尾。再看 ao 和 ou,这两个音的起音都是后音,发音时候舌位比较靠后,并且都是由低向高进行滑动,归音的音位都为 u,虽然 ao 在写法上以 o 结尾,但实际上它的发音为 au。除去相同点,两组对比音之间的区别更是显而易见的,在 ai 和 ei 的对比中,ai 中的主要元音是前 a,比 ei 的主要元音前 e 的舌位要低。舌位越低,口腔开度相对就会越大,也就是说发 ai 时的起音比 ei 口腔开度更大，因而在这对宽窄对比音中，我们将 ai 称为宽音而 ei 就是对应的窄音。同样的，由于 ao 与 ou 起点音的近腭点高低不同，我们将 ao 称为宽音，相对的 ou 就是窄音。我们说宽窄韵母最明显的对比即口腔开度大小的对比，但是从根本上讲，宽窄有别的原因还是韵母发音过程中舌位动程的不同。舌位动程幅度较大的就是宽音，动程幅度较小的就是窄音。

我们以词语"欧洲（ōuzhōu）"和"爱戴（àidài）"为例做进一步说明。"欧洲（ōuzhōu）"两个字的韵母都是窄音 ou，而有些人习惯性地把这个韵母发得口腔开度更大一些，起点音的舌位更低而接近了后 a 的位置，因而发音从听感上有些类似于韵母 ao，"ōuzhōu"就成了"āozhāo"，这显然是将"窄音宽化"了。我们再看"爱戴（àidài）"这个词，有些人在复韵母 ai 的发音中，口腔慵懒、开度不够，舌位就不能相应地下降到前 a 的位置，就很容易发成类似于 ei 的音，把"àidài"发成近似于"èidèi"的音，这就是典型的"宽音窄化"的语音问题。

总体来看，造成"宽音窄化""窄音宽化"的原因就是舌位动程出现了问题，宽音发窄问题的实质就是原本应有的动程没有发够，窄音发宽问题的根本就是舌位动程过度了，造成了不必要的口腔开度。由此我们得出结论，发准"宽窄韵母"的关键是舌位高低与口腔开度是否精准。

二、普通话中有哪些宽窄对位的复合韵母

在汉语普通话的复合韵母当中，一共有 13 对宽窄对比音，其中复合韵母的宽窄对比音有 6 对，鼻韵母的宽窄对比音有 7 对。复合韵母的宽窄对比音分别是 ai-ei、ao-ou、ia-ie、ua-uo、iao-iou、uai-uei；鼻韵母的宽窄对比音包括 an-en、ang-eng、ian-in、iang-ing、uan-uen、uang-ueng、üan-ün。实际上，构成宽窄对比关系的某几组鼻韵母，如 ian-in、iang-ing、üan-ün 等，在前文的讲解中我们还从另外一个维度，即解决"受韵头节制韵腹拉不开"问题的时候提到过，而我们在后文即将讲到的解决复合韵母宽窄混淆的方法，又会给这一语音问题的改正提供新的思路。

表 8-2　普通话中的宽窄对比音

宽音	窄音
ai	ei
ao	ou
ia	ie
ua	uo
iao	iou
uai	uei
an	en
ang	eng
ian	in
iang	ing
uan	uen
uang	ueng
üan	ün

第三十九天·练习材料·13 对宽窄音双音节词语练习

ai-ei

ai：摆拍　白菜　拍卖　迈开　爱戴　开牌
ei：配备　培肥　蓓蕾　北美　飞贼　黑妹

ao-ou

ao：高潮　报告　毫毛　祷告　叨唠　高帽
ou：豆蔻　欧洲　收购　漏斗　某头　守口

ia-ie

ia：压价　假牙　下压　下嫁　家鸭　恰恰
ie：贴切　结业　喋血　乜斜　歇业　谢帖

ua-uo

ua：娃娃　挂花　画卦　耍滑　花袜　夸瓜
uo：堕落　落座　活捉　硕果　错落　过错

iao-iou

iao：逍遥　巧妙　教条　疗效　吊桥　缥缈
iou：优秀　救球　绣球　舅舅　悠久　久留

uai-uei

uai：外快　怀揣　乖乖　摔坏　外拍
uei：魁伟　回归　溃退　水位　摧毁　队徽

an-en

an：赞叹　谈判　湛蓝　懒汉　判犯　坦然
en：振奋　根本　沉闷　认真　审慎　愤恨

ang-eng

ang：张榜　帮忙　放荡　厂房　党章　昂扬
eng：逞能　征程　丰盛　生猛　更正　风筝

ian-in

ian：变迁　先见　简练　年限　脸面　棉签
in：彬彬　贫民　近亲　新品　聘金　民心

iang-ing

iang：洋相　湘江　娘娘　良将　响亮　踉跄
ing：姓名　娉婷　定情　佞幸　秉性　情性

uan-uen

uan：专断　官宦　贯穿　乱转　传唤　宽缓
uen：困顿　论文　温存　滚轮　昆仑　混沌

uang-ueng

uang：狂妄　双簧　状况　装潢　黄光　框框
ueng：老翁　蓊郁　渔翁　瓮村　水瓮　嗡嗡

üan-ün

üan：涓涓　全权　轩辕　源泉　渊源　卷圈
ün：均匀　军训　循循　菌群　芸芸　云群

第八周 复合韵母发音中舌位动程不足的问题

第四十天

> 084001:改正方法一:利用对比音将问题夸大,达到倒逼式改错效果
> 084002:改正方法二:利用预设的交错对比体会口腔的控制、舌位的动程

在本讲当中,我们来介绍两种改正"复合韵母宽窄音混淆"问题的具体方法。事实上,本讲更像是对普通话声韵母语音改错常见方法的一个总结。我们在前文的讲解中也曾或多或少地使用过类似的方法,这些方法在对位音混淆问题的改错中经常会被使用到。

一、改正方法一:利用对比音将问题夸大,达到倒逼式改错效果

利用对比音将问题夸大,进而达到倒逼式改错效果——这个方法的具体操作其实很简单,我们仍以"ao-ou"这对最易出错的宽窄对比音为例。为了让自己能够听到、意识到自己的问

题,为了时刻提醒自己,宽窄韵母混淆确实是一个普通话语音问题,而自己恰好有这个问题,改错者在练习中可以将自己的问题主动放大。假设问题的具体类型是"窄音宽化",那么就将豆蔻(dòukòu)、欧洲(ōuzhōu)、收购(shōugòu)夸张地读成到靠(dàokào)、凹召(āozhāo)、烧告(shāogào),用这种看似极端的方式首先建立起错误意识,强化自己发音时候的问题意识,主动构建改正问题的紧迫感,用这样的方式来倒逼自己在发音时保持口腔控制、舌位控制方面应有的注意。

我们之所以在"复合韵母宽窄音混淆"问题的改错中使用以上方法,是因为在现实生活中,很多人"宽音窄化"或"窄音宽化"的问题并不像典型语音模式那么极端,换句话说,虽然窄音"欧洲(ōuzhōu)"错误地被发宽了,但是其实舌位并没有真正下降到后 a 的高度而形成"凹召(āozhāo)",而是主要元音介于半高的 o 和后低的 a 之间。因而在很多情况下,宽窄音混淆的语音问题的显著性并不强,最重要的是它不能被很多语音改错者认识到,不利于学习者在日常交流场景下进行自我纠错。我们在本书中多次强调的一个观点是,认识到自己的语音问题是改正该语音问题的第一步,所以我们引入这种利用对比音将问题夸大的方法,是希望改错者由此对自己的语音错误有一个更加清晰的认识,先认识问题,才能真正改正问题。

二、改正方法二:利用预设的交错对比体会口腔的控制、舌位的动程

"交错对比"练习法是我们在普通话语音学习中已经非常

第八周 复合韵母发音中舌位动程不足的问题

熟悉的一种方法,曾经在"鼻音 n 与边音 l 不分"问题的改错中重点讲解过。我们当时谈到,这是一种解决"对位音混淆"问题的一般方法。因此,为了达到"窄音窄发,宽音宽发;窄音不发宽,宽音发不窄"的目的,我们同样可以应用"交错对比"这种练习法。

在本讲末尾的练习材料中,我们专门找寻和预设了一些典型的宽窄对比音"ai-ei"和"ao-ou"的双音节词语,这些双音节词的典型意义在于,韵母都是分别由宽窄音韵母担当,并且呈现出一个先窄后宽或先宽后窄的相继顺序。对于想要改正宽窄音混淆问题的学习者来说,在读出这些词语之前,应该首先通过拼音洞悉词语中预设的规则,之后使口腔控制,具体来说就是使"舌位高低"与"口腔开度"主动去适应和匹配预设的规则。我们以内海(nèihǎi)、黑白(hēibái)两个词为例。改错者需要在朗读中暗示自己,"前一个字口腔开度小,后面变大——由小到大、由小到大",进而在充分保持口腔控制的状态下,稍微夸张地慢速朗读:"内(小)——海(大)、黑(小)——白(大)——""内(小)——海(大)、黑(小)——白(大)——",通过这样的反复练习,建立大脑与口腔之间的习惯性联系,最终达到发准、发好宽窄音的目的。

在"宽窄音混淆"讲解的最后,我们仍要做一点提示,宽音并非需要追求口腔开度绝对的大,而窄音同样并非需要追求口腔完全不打开,这种看法和做法是非常片面的,毕竟韵母发音的"宽窄"是相对的,不是绝对的—宽就张到最大,一窄就闭到最小,希望普通话学习者不要陷入类似的误区。

到本讲为止,我们用了三周十五讲对普通话语音韵母的常见问题进行了梳理。韵母的学习总体上贯穿着两条主线：第一条学习主线叫作韵母的"韵头、韵腹和韵尾"，第二条学习主线叫作"口腔的开度、舌位的动程和字尾的归音"。我们以"前后鼻音不分"的问题为切入讲解了"韵母的韵尾"以及与之密切相关的"字尾归音"问题，之后我们以"单韵母"为学习对象关注了"韵腹的拉开立起""韵头的归属界定"与"口腔开度"的问题，最后再以"复合韵母"为抓手再次关注了"韵腹"发音准确与"舌位动程"之间的关系。在本书的最后两章，我们将转向"声调"和"音变"的学习。从某种程度上讲，声韵母的正确只能保证普通话语音大方向上的准确，而声调和音变的正确，才能使你的普通话听起来更"地道"。

第四十天·练习材料·宽窄音 ao/ou 与 ai/ei 词语练习

第四十天 ao / ou 发音的对比

bǎo shǒu	máo dòu	dào kǒu	gǎo chóu	máo tóu	hǎo shòu
保 守	毛 豆	道 口	稿 酬	矛 头	好 受
chóu láo	dòu hào	lòu sháo	róu dào	shǒu tào	kǒu shào
酬 劳	逗 号	漏 勺	柔 道	手 套	口 哨
gāo shǒu	ào zhōu	tào gòu	sào zhou	táo zǒu	cāo shǒu
高 手	澳 洲	套 购	扫 帚	逃 走	操 守
shǒu gào	shǒu gǎo	shǒu chāo	shǒu yào	shǒu nǎo	shǒu kào
首 告	手 稿	手 抄	首 要	首 脑	手 铐
zāo shòu	bào chou	dǎo gòu	cáo tóu	chāo shōu	dào tóu
遭 受	报 酬	导 购	槽 头	超 收	到 头
tōu dào	shòu cháo	tóu nǎo	shōu cāo	tóu tào	tóu bǎo
偷 盗	受 潮	头 脑	收 操	头 套	投 保

ai / ei 发音的对比

bái fěi	bài běi	dài péi	bài lèi	tái běi
白匪	败北	代陪	败类	台北

bēi āi	nèi hǎi	hēi bái	lèi tái	nèi zhài
悲哀	内海	黑白	擂台	内债

第九周　普通话"声调"发不准的问题

第九周学习内容

094101：现代汉语普通话的声调及其调类与调值
094102："五度标记法"对于声调学习的意义
094201：普通话各声调的常见问题及其改正
094202：普通话声调与气息控制之间的关系
094301："轻声"是普通话的第五个声调吗
094302：普通话"轻声"的规律与作用
094401：普通话中"上声"的变调现象
094402：除上声外的其他调类的变调现象
094501：普通话中"一""不"的变调现象
094502：普通话的变调现象并不是一成不变的

第九周 普通话"声调"发不准的问题

第四十一天

094101：现代汉语普通话的声调及其调类与调值
094102："五度标记法"对于声调学习的意义

现代汉语普通话的声调，是普通话语音学习的又一重点和难点，汉语各方言的声韵拼合与普通话相比虽也有区别，但是其差别绝没有声调所表现出的那么大，正所谓"五里不同音、十里不同调"，汉语所表现出的声调差异实在可以用"纷繁复杂"来形容。因而正确地认识普通话的声调以及与之相关的调类、调值等概念，找到自己所说方言与普通话之间的声调差异，进而发准声调，就成了普通话语音学习必须要完成的一课。

一、现代汉语普通话的声调及其调类与调值

世界上的语言大致可分为"声调语言"和"非声调语言"(或称"语调语言")两大类，"声调语言"最大的特点，就是当同一个语音，用不同长短、不同高低的声调发出时，会形成不同的语意。比如同样是声母 b 与韵母 a 相拼而成的音节"ba"，由于声调的不同，便可以组成诸如"八""拔""把""爸"这样具有不同词意

和词性的汉字。与之相对的,"非声调语言"是这样的一种语言类型,它是指语音声调的不同只会表现出语气等差异,而不会影响其语意。比如我们都非常熟悉的英语就是一种非声调语言。以单词"apple(苹果)"为例,无论发音者读本调、升调或是降调,它的意思都是不变的,而不会因为声调的不同使人联想到别的什么意思。事实上,这也是为什么很多外国朋友在汉语学习伊始总是发不好声调,甚至中文说得像机器人一样的原因了。

在现代汉语语音学当中,声调是指汉语音节中所固有的,可以区别意义的声音的高低和升降。在之前的学习中,我们从吐字归音、枣核型结构出发,将一个汉字分为字头、字腹和字尾,其实除了声韵母之外,一个完整的音节还应该包括一个声调。由于汉语的声调有区分词义和词性的作用,远在明清时期,就有音韵学者将声调称为"字神"。

我们在小学的语文课中就已经学过,汉语普通话一共有四种声调,分别是一声、二声、三声和四声。从语音学的角度,我们称汉语普通话的四种声调为阴平、阳平、上声和去声,而"阴、阳、上、去"四种类型就是汉语普通话声调的"调类"。为什么会有不同的调类,如何区别它们呢?其实,造成调类之间差异的就是发音中声音的高低和升降。每个调类的"调值"各不相同,一般认为,普通话"阴平"的调值为"55","阳平"的调值为"35","上声"的调值最为特殊,为"214",而"去声"的调值为"51",如表9-1所示。

第九周 普通话"声调"发不准的问题

表9-1 普通话声调表

调类	调型	调值	调号
阴平	高平	55	˥55
阳平	中升	35	˧˥35
上声	低降升	214	˨˩˦214
去声	高(全)降	51	˥˩51

二、"五度标记法"对于声调学习的意义

在"普通话声调表"中,我们发现除了"调类"和"调值"以外,还有关于"调型"和"调号"的描述。说起调型和调号,就要谈到在汉语普通话及其方言声调研究中经常使用的方法——"五度标记法"了。"五度标记法"是中国现代语言学先驱、被誉为"中国现代语言学之父"的赵元任先生创制的,它和调值相联系,更具体、更易懂地标记了调值的相对音高。

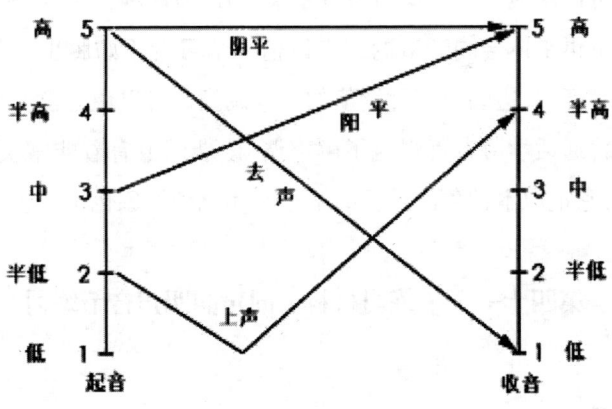

图9-1 五度标记法示意图

五度标记法是用五条平行直线及四条调值走势线来标记调值相对音高的一种方法，它与音乐的五线谱有一定的相似之处。五条平行线由低到高代表着音高的由低到高，分别为一度、二度、三度、四度、五度，我们也把它们叫作低、半低、中、半高、高。除去高低维度，再看从左到右，最左边代表了一个音节的"起音"，最右边代表了一个音的"落音"或"收音"。当我们完成了一个完整二维平面的构建，就可以相应地将阴平、阳平、上声、去声四种声调在五度当中进行标记了。从图9-1中我们可以看到，阴平音又叫高平调，调值55，在图中表现为一条又平又高的直线；阳平音又称中升调，调值35，用一条从左向右、由中到高的较缓直线表示；上声音又叫低降升，调值214，它是图中唯一的一条曲线，前三分之一由半低到低，后三分之二拉起向上；最后一个是去声，又叫全降调或者高降调，调值51，在图中用一条从左到右、从上到下跨越所有高度的直线表示。普通话语音学习者可以用最简单的汉语拼音音节"ba"为样本，在五度标记法指引下再来体会同音节的四声调值。学习者不妨腾出一只手，一边发音，一边画出四种调值的基本调型。可以说，五度标记法对于普通话学习者直观地了解声调、读准调值有着非常实际的意义，它把原本抽象的声调一下子具体化和形象化了。

第四十一天·练习材料·同声韵四声音节练习

双唇音

巴　拔　把　罢

第九周 普通话"声调"发不准的问题

坡 婆 巨 破
猫 毛 卯 帽

唇齿音
方 房 仿 放

舌尖中音
低 敌 底 弟
通 同 统 痛
妞 牛 扭 拗
撩 聊 了 料

舌根音
姑 鹕 古 顾
科 咳 可 刻
酣 含 喊 汉

舌面音
居 局 举 据
青 情 请 庆
香 降 想 象

舌尖前音
作 昨 左 做
猜 才 采 菜
虽 随 髓 岁

舌尖后音
知 职 止 至

称 成 逗 秤
申 神 沈 甚
△ 如 乳 入

开口音

掰 白 摆 败
抛 刨 跑 炮
飞 肥 匪 费
睉 楼 篓 漏

齐齿音

家 夹 甲 架
亲 勤 寝 沁
些 斜 写 泻
△ 联 脸 炼

合口音

窗 床 闯 创
蛙 娃 瓦 袜
欢 还 缓 幻
乖 △ 拐 怪

撮口音

薛 学 雪 谑
晕 云 允 运
圈 全 犬 劝

第九周 普通话"声调"发不准的问题

第四十二天

> 094201：普通话各声调的常见问题及其改正
> 094202：普通话声调与气息控制之间的关系

上一讲我们学习了普通话声调的几个基本概念，并介绍了将抽象声调具体化的五度标记法，普通话学习者可以尝试在五度标记图当中将自己方言的调值标记出来，之后与普通话四个声调的调值进行对照，以此发现原生方言与普通话在调值方面的最大不同，这对于发准声调是一件非常重要且基础的事情。在本讲当中，我们将继续深入探讨普通话四个声调在发声中常见的问题及其改正方法，并从科学发声的角度再来看看还有哪些方法能够指导我们更好地发准声调。

一、普通话各声调的常见问题及其改正

阴平调值55，调型高平，从"高平调"这一叫法就能窥见阴平调发音时容易出现的问题。问题之一就是调值不够高，没有达到五度的高度。东北方言如今被广大老百姓熟知和喜爱，其实东北方言与普通话相比，表现在调值方面最大的特点就是阴

平调值低,普通话阴平调值为55,而相对的东北方言大部分仅会表现为22甚至11调值。当然,有些方言也会出现阴平调值偏高的问题,比如北京方言,老北京人见面常以"您吃了吗?"互致问候,在这句话当中,动词"吃"的调值就普遍高了半个到一个高度,达到66调值。同样,从"高平调"这一命名方式中我们还可推断,阴平调值除了在"高低"方面容易犯错外,还可能出现不够"平稳"的情况,有些人阴平调的发音是颤抖的、忽上忽下,不能保证调值从起音到落音始终保持在同一高度。对于阴平调值"高度不够、缺乏稳定"的问题,我们可以从科学发声的角度进行纠正:在气息控制方面,要在进气量充足的情况下,保证气息的通畅与稳定。用足够的气息储备和适当的声带紧张度,来保持阴平的"高",再用气息的通畅和稳定,来保证调值的"平",最终发出正确无误的阴平调值。

阳平调值35,我们又叫它"中升调"。阳平在调值方面的常见问题就是音高上不去,结尾仓促,总是给人"发半截音"的感觉,在调值表现方面就是本应发成35的音只发成了34或是24。实际上造成这种问题的原因仍与发声方式特别是气息控制有关系,如果发音者能够做到将气息"由弱到强"地进行有控制的延送,不是将气息像泄洪的水一样倾泻而出,而是音高弱起,声带逐渐拉紧,字尾余气拖住,这样就不会出现半截音的情况了。

上声调值214,是普通话声调中最特殊的一个,从某种意义上来讲,上声音能否发好,不仅仅是普通话声调能否发好的标志,也是整个发声控制的试金石。我们以"水214"这个字为例,列举出常见的上声调值问题:(1)有些人上声上不去,读成"半上"调值"水21";(2)有些人上声下不来,读成类似于阳平调值的"水24";(3)更有甚者将上声读断,读成下降和平声两个独立的音节,调值类似于"水21-44",听起来像"shuǐ-ēi",这显然也是不对的。想要改变上声的调值问题,我们仍需在声带控制与气息控制方面下功夫,首先设法使声带在起音时处于放松状态,进入发音音程后气流始终延送不中断,前段气息稳定,后段声带渐紧、调值升高时气息需保持稳劲送气、由弱到强的状态,类似于阳平音的气息控制状态,以此读出较准确的上声调值。除了气息之外,我们还可以使用体会具象对象感的方式,让上声发音能够"打出去",不中断。

去声调值51,又叫"全降调",去声的调值问题相对较少,常见的应属起音不够高的问题。改正的有效方法是,在本节末尾的"声调交叉组合双音节练习"中,选择"阴平+去声"的组合音节进行练习。我们以"庄重(zhuāngzhòng)"这个词为例,在阴去调值组合中,充分利用前一个字"庄(zhuāng)"(阴平)的落音调值(5度),以提示后一个去声字"重(zhòng)"的起音调值(同样是5度),反复练习,以巩固去声的起音音高,使其达到应有的高度。

二、普通话声调与气息控制之间的关系

从普通话四种声调的常见调值问题及改正方法当中我们可以发现,声调的调值能否发准的一个重要保证就是科学发声中的"气息控制"。有关声调与气息控制之间的关系,我们为普通话学习者分享一则重要口诀,其内容是:"起音高平莫低昂,气势平均不紧张;从中起音向上扬,用气弱起逐渐强;上声先降转上挑,降时气温扬时强;高起直降向低唱,强起到弱气通畅。"

这则口诀很好地揭示和总结了气息控制对于发准声调的保障作用。口诀一共八句,两两成组,分为四组,分别对应阴平、阳平、上声、去声四种声调,每组的前半句描述了声调的基本调型,后半句则是气息控制的基本要求。学习者可以根据这则口诀,细心体会气息控制和发好声调之间的微妙联系。

第四十二天·练习材料·声调交叉组合双音节练习

(1) 阴阴

参加　西安　播音　工兵　拥军　丰收
香蕉　江山　咖啡　班车　单一　发声

(2) 阴阳

资源　坚决　鲜明　飘扬　新闻　编排
发言　加强　星球　中国　签名　安全

(3) 阴上

批准　发展　班长　听讲　灯塔　生产
艰苦　歌舞　公款　签署　根本　方法

(4) 阴去

庄重　播送　音乐　规范　通信　飞快
单位　希望　欢乐　中外　失事　加快

(5) 阳阴

国歌　联欢　革新　南方　群居　农村
长江　航空　围巾　营私　原封　图书

(6) 阳阳

直达　滑翔　儿童　团结　人民　模型
联合　驰名　临时　吉祥　灵活　豪华

(7) 阳上

华北　黄海　遥远　泉水　勤恳　民主
情感　描写　难免　迷惘　平坦　旋转

(8) 阳去

豪迈　辽阔　模范　林业　盘踞　局势
革命　同志　局势　雄厚　行政　球赛

(9) 上阴

指标　统一　转播　北京　纺织　整装
掌声　法医　演出　广播　讲师　取消

(10) 上阳

指南　普及　反常　谴责　讲完　朗读
考察　里程　起航　软席　领衔　党员

(11) 上上

古典　北海　领导　鼓掌　广场　展览
友好　导演　首长　总理　感想　理想

(12) 上去

改造　舞剧　主要　访问　考试　想象
土地　广大　写作　典范　选派　讲课

(13) 去阴

下乡　矿工　象征　地方　贵宾　列车

卫星　认真　降低　特征　印刷　气温

(14) 去阳
自然　化学　措辞　特别　电台　会谈
政权　配合　未来　要闻　调查　辨别

(15) 去上
耐久　剧本　跳伞　下雨　运转　外语
办法　信仰　戏曲　电影　历史　探险

(16) 去去
日月　大厦　破例　庆贺　宴会　画像
示范　大会　快报　致意　建造　干部

第九周 普通话"声调"发不准的问题

第四十三天

094301:"轻声"是普通话的第五个声调吗
094302:普通话"轻声"的规律与作用

关于普通话的声调,有些人认为在"阴、阳、上、去"之外,还存在着一种特殊的声调,叫作"轻声",甚至有人直接将"轻声"称为普通话的"第五声",认为它是汉语拼音中不标调的特殊形式。那么"轻声"是普通话中的第五个声调吗?从这个问题入手,我们来关注普通话中的"轻声"现象。

一、"轻声"是普通话的第五个声调吗

想要判断"轻声"是否为普通话的第五个声调,我们先来看看什么是"轻声"。现代汉语的每个音节都有它的声调,但是在句子或词语中,有的音节会因语音环境、语法结构、相邻音的高低长短等因素而失去它原本的声调,变为较轻较短的调子,这种调子不标调号,在物理上表现为音长变短,音强变弱,这就是所谓的轻声。我们可以从轻声的这一概念中做出判断,轻声通常不被列入普通话的声调序列,更加确切地说,它只是一种"语流音变"现象,

将轻声视为普通话第五声调的说法显然是不够确切的。

其实关于轻声的认识误区不止这一个,另外一个错误的观点是认为所有轻声音节都具有同样的音高,变轻之后的声调高度全都是一致的。而实际的情况是,轻声音节的高度、音值并不是完全相同的,在不同音节中,轻声的音高反映往往是不一样的,一般要视前面一个音节的声调来进行判断。

表9-2 轻声调度表

轻声位置	调度	例子
在阴平后	半低调(2度)	妈妈
在阳平后	中调(3度)	葡萄
在上声后	半高调(4度)	你们
在去声后	低调(1度)	亲爱的

如表9-2所示,在阴平(55)后轻声通常念半低调(2度),听起来有点像又轻又短的去声,如:妈妈(māma)、桌子(zhuōzi)、刀子(dāozi)、玻璃(bōli)、庄稼(zhuāngjia)、聪明(cōngming)、多吗(duōma)等;在阳平(35)后面,轻声则呈现为中调(3度),例如:葡萄(pútao)、棉花(miánhua)、头发(tóufa)、锤子(chuízi)、石头(shítou)、床下(chuángxia)、活泼(huópo)等;上声(214)之后的轻声较为特殊,表现为半高调(4度),听起来好像是又轻又短的阴平,例如:你们(nǐmen)、椅子(yǐzi)、斧子(fǔzi)、好处(hǎochu)、底下(dǐxia)、嗓子(sǎngzi)等。而在去声(51)后面轻声要念最低调(1度),听起来好像是特别低降的轻短的去声,例如:亲爱的(qīn'àide)、地方(dìfang)、月亮(yuèliang)、钻子(zuànzi)、漂亮(piàoliang)、

地里(dìli)、棍子(gùnzi)。认识到轻声调度的不同,对于我们更准确地读出轻声具有非常实际的指导意义。

二、普通话"轻声"的规律与作用

在什么情况下普通话中的音节会失落原有的声调,变为轻声,即轻声出现的规律是什么,学者们的看法并不十分统一。一个认同度比较高的说法是,在以下八种情况下需要变本调为轻声。(1)句中的语气词常读轻声,如"吧、吗、呢、啊、哪、啦、呀、哇"等,"走吧!去吗?怎么啦?说呀!好哇!"这些句尾语气词都是需要轻读的;(2)助词"的、地、得、着、了、过、们"等经常被轻读,比如"我的、他的、坏得很、它们、跳着",最后一个助词都是轻声字;(3)名词或代词的后缀"子、头、么"等常轻读,比如"石头、儿子、什么""这头牛个儿大、膘肥,四条腿像木头柱子一样。";(4)表示趋向的动词常常轻读,比如"进来、出去、上来、过来""山朗润起来了,水涨起来了,太阳的脸红起来了。";(5)方位词或方位词素经常轻读,比如"里面、外面、楼上、屋里"等;(6)叠音名词及动词的最后一个音节以及夹在重叠动词中间的"一"或"不"常常需要轻读,如"爸爸、姐姐、看看、走走、去不去、看一看";(7)某些量词常常轻读,比如"三个人、五头牛、两条毛巾";(8)一些约定俗成的双音节词中的第二个音节常常有轻读的现象,比如"太阳、告诉、打听、窗户、玻璃、萝卜、大夫、编辑、闺女、扫帚、阔气、扎实、凉快、规矩、清楚、朋友、唠叨"等。

学习了轻声出现的规律,我们再来看看在普通话中轻声的作用。轻声的作用集中表现为可以区分词意和词性,例如"爷爷正在给孙子读《孙子兵法》",在此例句中,前一个"孙子

(sūnzi)"为轻声词语,表示的是一种亲属关系,是"儿子的儿子"的意思,而后一个非轻声词语"孙子(sūnzǐ)"则是一个人名,特指我国春秋末期齐国著名的军事家孙武,《孙子兵法》便是孙武所写的被后世兵家普遍推崇的军事著作。从这个例句中,我们可以看出轻声有区分词意的作用。至于轻声区分词性的作用,我们再来看一个例句:"你可别马虎大意,把歌词大意翻译错了啊!"在这个例句中,第一个"大意(dàyi)"是一个形容词,有"不经意、不仔细、马虎、疏忽"的意思;第二个"大意(dàyì)"不读轻声,是"大概的意思、基本的意义"之意,从词性上来讲则是一个名词。

第四十三天·练习材料·轻声音节综合练习

第四十三天

明白	毛病	黄瓜	眉毛	葡萄	活泼	云彩	孙子	凉快	喜欢
毛糙	牡丹	脑袋	好处	打扮	打听	眼睛	比方	认识	母亲
队伍	大意	衣服	月亮	力气	故事	照顾	漂亮	快活	地方
记性	困难	事情	老爷	休息	耳朵	情形	头发	学生	知识
师傅	丈夫	结实	舒服	老实	便宜	麻烦	糊涂	精神	笑话
相声	委屈	参谋	嘱咐	称呼	和尚	佩服	宽敞	篱笆	机灵
稳当	吓唬	岁数	见识	柴火	合同	大方	衙门	折腾	我们
骨头	馒头	拳头	学过	听过	见过	躲开	离开	好吧	行啊
你的	看了	写了	家里	墙上	桌子	木头	爷爷	妈妈	商量
西瓜									

第九周　普通话"声调"发不准的问题

第四十四天

094401：普通话中"上声"的变调现象
094402：除上声外的其他调类的变调现象

在普通话"轻声"的讲解中，我们提到了"语流音变"的概念，具体来说，语流音变就是在语流中，由于受到相邻音节的相邻音素的影响，一些音节中的声母、韵母或声调会发生语音的变化，这种变化往往是约定俗成的，它是在人们日常的言语交流中逐渐产生并固定下来的。在前文的学习中我们曾经谈到，只有了解、掌握了语流中的音变规律，我们的普通话才能说得更纯正、更地道。而就本周学习的重点"声调"而言，其在普通话中所对应的语流音变现象可谓不少。除了上一讲已经学习过的轻声现象之外，还包括四种调类——"阴、阳、上、去"，特别是上声的变调，以及"一、不"等特殊汉字的变调规律等，在本讲和下一讲的学习中，我们就来重点关注这些有关声调变化的知识。

一、普通话中"上声"的变调现象

在普通话阴平、阳平、上声、去声四种调类当中,上声的变调现象可以说最为明显,以至于在语流中上声实际上更多的是以变调之后的调值出现的。另外,上声的变调规律也最为复杂,会根据后一个字的声调、是否为逻辑重音等因素而表现出截然不同的调值。上声的变调规律大致可以总结为以下五点:

(1)"上声在非上声之前读半上"

所谓"非上声"就是指"阴平、阳平、去声",所谓"读半上"就是调值由"214"变成"211"。我们分别举一个上声与阴平、阳平、去声连读的双音节词语"火车、祖国、感谢"来说明这个变调规律。这三个词语的本调调值分别为"火214车55""祖214国35""感214谢51",而在实际的发音中,上声并没有完成"全上214"的本调发音,而是受其后音节的影响在调值上只表现出前面的一半,变为211,因而,三个例词的调值最终变为"火211车55""祖211国35""感211谢51"。可以说"半上211"实际上是语流中上声最常呈现出的调值形态,但是有一点需要特别注意,"半上"的调值为"211"而非"21","211"与"21"之间存在着比较明显的音程差异,将调值读成"21"是一种错误的上声音变。

(2)"两个上声连读,前一个变为类似阳平的声调"

我们有时也将"类似阳平的声调"叫作"直上",调值为"35"或"24"。举例来说,"舞蹈""演讲"都是两个上声相连的双音节,本调为"舞214蹈214""演214讲214",而在语流中,我们却习惯将这样的组合词的调值处理成"舞24蹈214""演24讲214"。

(3)"上声在轻声前的变调一般要视轻声的本调而定"

我们在上一讲刚刚讨论过,轻声是一种常见的语流音变现象,每一个轻声音节都有其原本的声调。有些人认为轻声前的上声变调规律应该遵循第一条的"上声在非上声之前读半上",认为"轻声"也属于"非上声",因而也应该变全上为半上,实际上这仍是陷入了"将轻声看作是第五种声调"的误区。想要读准轻声前的上声,第一步应该先将轻声还原为本调,之后再根据上文的两条规律变调,即上声在原调为非上声的轻声之前,应该由全上变为半上;上声在原调为上声的轻声之前,应该由全上变为直上。例如"尾巴"和"打扫",首先需要将这两个轻声词的调值还原为本调"尾214 巴55""打214 扫214",在本调基础上,遵循上声变调的第一条与第二条规律,则应该变调为"尾211 巴4""打24 扫3"。但是,值得注意的是,上声在轻声前的变调也有不符合规则的特例,比如"姐姐""耳朵"等词,虽然后面一个字的本调为"上声",但是前一个上声却没有变为"直上"而是变为了"半上",类似的这种特例需要普通话学习者在平时的学习中多留心、多积累。

(4)"三个上声连读时,要首先分析词语为'单双格'还是'双单格'"

所谓"单双格"与"双单格"就是分析三个上声字之间的"修饰与被修饰"关系,由一个字修饰后两个字的情况,即为"单双格",如"好/导演";由前两个字修饰最后一个字的情况,即为"双单格",如"导演/好"。当词语的结构是"双单格"时,前两个字由全上的214变为直上的24,如"手214 写214 体214"变为"手24 写24 体214";当词语的结构为"单双格"时,第一个音节变为半上的211,第二个音节变为直上的24,如"纸214 老214 虎214"变为"纸211 老24 虎214"。实际上,三个上声连读的情况揭示了语流音变规律中的一个重要底层逻辑,就是"音变"不能与"语意"相矛盾。换句话说,如果由于语流音变的产生而使句意或词意发生了根本上的改变,那么此种音变是不允许发生的。在三个上声连读的"单双格"情况下,第一个上声作为单独存在的重要修饰语,属于音节中被强调的逻辑重音,如果将这一重要修饰词进行强度较大的音变,就有可能产生歧义,例词"纸老虎"就有可能被误读为"直老虎",因而"纸"字的音变"退而求其次",只音变为了半上的211。

(5)"多个上声字相连,要首先根据语意或气息进行自然分节,之后再根据上述规律进行变调"

例如"请你往北走找柳组长取演讲稿"。在这一全部由上声字组成的句子的播读中,首先要进行简单的语意划分,"请你/往北走/找/柳组长/取/演讲稿",之后再在语意分组基础上,根据先前讲到的四条规律进行上声音变。

在完成了上声变调规律的系统介绍之后,仍有两点需要说明。第一,上声在什么情况下才会读本调。其实,上声只有在句末或单独出现的时候才会读本调,其余情况下均应读作相应变调后的调值。第二,上声变调现象的产生同样属于语流音变的"约定俗成",在普通话学习中,更多人的实际情况为能够读准上声的变调却从未意识到变调现象的存在。在这种情况下,系统学习上声变调的意义就在于使学习者能够更加深入地了解普通话各方面知识,做到"知其然又知其所以然"。因而,在本讲的学习中,学习者可以先对各个例词进行上口练习,如果发现自

第九周 普通话"声调"发不准的问题

己在变调方面不存在问题,便可仅对有关变调规律的描述进行速览,但如果确实发现在某些语音上存在问题,就应该认真研究变调规律,从规律入手,重塑变音。

二、除上声外的其他调类的变调现象

实际上,除了上声的变调外,非上声的阴平、阳平和去声在语流中也都存在变调现象,大致表现为词语中的前一个字变得调值稍微低一些,音程稍微短一点。如天天、科学,前面由 55 变为 44(阴平在阴、阳、去声前面);南京、红旗,前面音节调值由 35 变为 34(阳平在阴、阳、去声前面);大门、话剧,前面音节调值由 51 变 42(去声在阴、阳、去声前面)。但是在实际的播音、朗读、口语交流中,实际上我们可以忽略非上声的变调现象,避免因刻意关注而产生画蛇添足的情况。

第四十四天·练习材料·上声变调词语练习

第四十四天

水乡　许多　214 55——211 55

主持　好评　214 35——211 35

坦率　感谢　214 51——211 51

友好　保险　214 214——24 214

粉笔　海岛　214 214——24 214

讲解　舞蹈　214 214——24 214

手写体　214 214 214——24 24 214

展览馆　214 214 214——24 24 214

管理组　214 214 214——24 24 214
老首长　214 214 214——211 24 214
海产品　214 214 214——211 24 214
纸老虎　214 214 214——211 24 214

第九周　普通话"声调"发不准的问题

第四十五天

094501：普通话中"一""不"的变调现象
094502：普通话的变调现象并不是一成不变的

在普通话中，一些特殊的汉字在语流中会呈现出繁复的但却较有规律的音变，"一""不"两个字就是其中的代表。"一(yī)班有一(yì)组同学一(yí)致同意参加'读一(yi)读'课外活动。"在这个简单的例句中，汉字"一"被读出了四种不同的声调。在本讲当中，我们就来学习"一""不"的变调，了解其中的规律。

一、普通话中"一""不"的变调现象

在普通话中，汉字"一"和"不"的变调规律大体上是相同的，因而我们尝试将两者进行统一的描述，以便学习者更快地掌握和记忆。对于其中细微的不同之处，我们也会进行特别的说明。概括起来，"一""不"的变调规律可以描述为：当"一""不"被单独使用或处于词尾句尾时读本调；当"一""不"在去声之前要读阳平；相应的，"一""不"在非去声之前要读去声；而当

"一""不"被夹在一个三字词之间的时候,往往需要读轻声。接下来,我们仍旧以举例的形式对以上规律进行详细的逐条说明。

(1)当"一""不"被单独使用或处在词尾句尾时读本调。比如我们在队列中喊口号时的"一、二、三、四(yī、èr、sān、sì)"以及我们表达态度的句子"不,不!bù,bù!"。在这些"一""不"被单独使用的时候需要读本调;而当它们出现在词尾,比如在词语"初一(chūyī)、第一(dìyī)、统一(tǒngyī)、绝不(juébù)、偏不(piānbù)"当中,两者的读音同样也都是本调,"一"为阴平,"不"为去声。在这一条变调规律中,要特别注意的有两点:首先,一串数字中的"一",如果被视作单独的一个数,读本调,如"一九一八(yījiǔyībā)、一一得一(yīyīdéyī)、一一过问(yīyīguòwèn)"等;其次,在"一"当序数,词义为"第一"的时候,需要读本调。例如,"一(yī)班的小朋友要乘坐下一(yì)班班车出发"。在这个句子中,第一个"一班"中的"一"是序数词,为该年级中的"第一"班的意思,所以在语流中需要读本调。

(2)当"一""不"出现在去声字之前时,需要变调为阳平。例如"一律(yílǜ)、一定(yídìng)、不错(búcuò)、不幸(búxìng)",在这些词语当中,受后一个去声汉字声调的影响,"一""不"均需要脱去其本身的调值,改读阳平。

(3)在除了去声以外的其他调类之前,"一""不"的调值表现为51,读去声。如词语"一生(yìshēng)、一起(yìqǐ)、不祥(bùxiáng)、不安(bù'ān)"等,但是由于汉字"不"的本调就是去声,所以实际上也可以说在非去声之前"不"字应读本调、不变调,这也是有些教材将"一"和"不"的变调规律分别列出的主要原因,但是出于对变调规律进行快速记忆的考量,我们将"非去声之前读去声"也一并归在汉字"不"的变调规律之下。

（4）当"一""不"被夹在一个三字词的中间时,往往需要读轻声。比如"听一听(tīngyitīng)、说一说(shuōyishuō)、读一读(dúyidú)、忙不忙(mángbumáng)、冷不冷(lěngbulěng)、听不懂(tīngbudǒng)、起不来(qǐbulái)",我们发现,"一"往往只是被夹在一个重叠动词的中间,而"不"在三字词中的应用则显得更加多样一些。

我们尝试将"一""不"变调规律做一个口诀式的总结,学习者只要记住这样的四句话——"单序末,读本调;去声前,读阳平;非去前,读去声;夹中间,读轻声。"普通话"一""不"变调的问题就能够一目了然、迎刃而解了。

二、普通话的变调现象并不是一成不变的

在本周学习的后半段,我们主要关注了普通话声调常见的语流音变现象,在这里需要强调的是,语流音变的学习往往不可死记硬背、生搬硬套,我们常常见到一些普通话学习者在一些音变的判定上"钻死牛角尖儿",其实这是大可不必的。语流音变的形成本身就是一种"约定俗成",而这种语音方面的约定俗成往往会随着时间的推移、社会的变迁、价值认同的改变、审美取向的转移而发生更改,比如我们在本讲讲到的某些音节的特殊语流音变现象,如今教科书中只提及了"一、不变调"的问题,但在十年前的教材中,"一、七、八、不的变调"还是学生们的必学科目,可是现在,"七、八变调"基本已经被普通话所淘汰,"树上骑七(qí)个猴儿""小二最爱八(bá)卦"的表达似乎也只能在小品节目或者影视作品中出现了。再比如一些叠声字的音变现

象,到底是"毛茸茸 máorōngrōng、沉甸甸 chéndiāndiān、软绵绵 ruǎnmiānmiān"更地道,还是"毛茸茸 máoróngróng、沉甸甸 chéndiàndiàn、软绵绵 ruǎnmiánmián"更能被人们接受,似乎已经显得不那么重要,更好地表情达意、实现更好的交流才是人们更加关心的问题。一句话,语流音变的学习,普通话地道语音的习得之外,除了理论与规律的习得,更需要在良好的普通话环境中不停地进行积累与验证,完成语音面貌的重塑和迭代。

第四十五天·练习材料·"一""不"变调词语练习

"一"单用、在词语末尾、当序数词时读本调

| yī èr sān | shí yuè yī rì | yī jiǔ yī bā |
| 一二三 | 十月一日 | 一九一八 |

| yī lóu | yī xiao | chū yī | dì yī | tǒng yī |
| 一楼 | 一小 | 初一 | 第一 | 统一 |

| shǐ zhōng rú yī | bǎi lǐ tiāo yī | yī yī guò wèn | yī yī dé yī |
| 始终如一 | 百里挑一 | 一一过问 | 一一得一 |

"一"在去声前读阳平

| yí lù | yí lǜ | yí dìng | yí gài | yí dàn | yí guàn |
| 一路 | 一律 | 一定 | 一概 | 一旦 | 一贯 |

"一"在非去声(阴平、阳平、上声)前读去声

| yì shēng | yì zhī | yì shēn | yì qí | yì céng |
| 一生 | 一只 | 一身 | 一齐 | 一层 |

| yì tóng | yì jǔ | yì zǎo | yì shǒu | yì biān |
| 一同 | 一举 | 一早 | 一手 | 一边 |

第九周 普通话"声调"发不准的问题

"一"在重叠动词中间读轻声

| tīng yi tīng | shuō yi shuō | dú yi dú | tán yi tán |
| 听一听 | 说一说 | 读一读 | 谈一谈 |

zǒu yi zǒu　　pǎo yi pǎo　　shì yi shì　　xiào yi xiào
走一走　　　跑一跑　　　试一试　　　笑一笑

"不"单用、在词语末尾读本调

| bù bù | wǒ jiù bù | jué bù | piān bù |
| 不,不! | 我就不 | 绝不 | 偏不 |

"不"在去声前读阳平

| bú liào | bú huì | bú duàn | bú cuò | bú xìng | bú kuì |
| 不料 | 不会 | 不断 | 不错 | 不幸 | 不愧 |

"不"在非去声前读去声(本调)

| bù ān | bù jīn | bù xī | bù píng | bù liáng |
| 不安 | 不禁 | 不惜 | 不平 | 不良 |

bù xiáng　bù děng　bù fǎ　bù jiǔ　bù xiǔ
不祥　　不等　　不法　不久　不朽

"不"夹在词语中间读轻声

| cā bu cā | duō bu duō | máng bu máng | yuán bu yuán |
| 擦不擦 | 多不多 | 忙不忙 | 圆不圆 |

lěng bu lěng　děng bu děng　kuài bu kuài　xiàng bu xiàng
冷不冷　　　等不等　　　快不快　　　像不像

tīng bu dǒng　lái bu jí　qǐ bu lái　kàn bu jiàn
听不懂　　　来不及　　起不来　　看不见

第十周 普通话"儿化"发不好的问题

第十周学习内容

104601：什么是普通话中的"儿化"现象

104602：从儿化的作用看学习儿化音应有的态度

104701：发不好卷舌音的三种具体类型

104702：以"单韵母 er"的发音为样本主动构建卷舌动作

104801：儿化音发音规律的"两个维度"

104802：普通话所有儿化韵的总结与举例

104901：儿化音发音规律的第一个维度——是否失落韵尾

104902：儿化音发音规律的第二个维度——舌位是否下降

105001：儿化音发音规律中的"争议"

105002：一个特殊的卷舌音——汉字"二"的发音问题

第十周 普通话"儿化"发不好的问题

第四十六天

104601：什么是普通话中的"儿化"现象
104602：从儿化的作用看学习儿化音应有的态度

本周，我们终于来到了普通话学习的最后一个部分——"儿化"。"儿化"向来被视为普通话学习的一个难点，有很多学习者甚至到了"谈儿化而色变"的地步。其实，通过对儿化规律的科学梳理、对儿化问题的细致归类，发准、发好儿化音并不是一件遥不可及的事情。

一、什么是普通话中的"儿化"现象

"儿化"是现代汉语普通话中的一种常见的语流音变，指音节中的韵母因卷舌动作而发生的音变现象，儿化后的韵母叫作"儿化韵"，其标志就是在韵母后加上字母"r"。需要特别注意的是，儿化后的字音仍为一个音节，在实际的儿化韵认读中不宜分开来读，但是在诗歌、散文等抒情类文体的有声表达中，有时为了合辙押韵的需要，单独发出儿化韵的音节也是被允许的，如"树叶儿、月牙儿"等。此外，虽然带上儿化韵后的字音仍为一个音节,但是这个音节一般是由两个汉字来书写的,如"豆芽儿(dòuyár)、老头儿(lǎotóur)"等。在汉语方言中,北方方言普遍存在儿化的现象,北京话更是以多儿化而闻名。

在这里值得注意的是,有关"儿化"的一些概念需要在学习伊始厘清。首先,儿化音与卷舌单韵母 er 是不同的,儿化音是由卷舌动作带来的音变,是由两个字的两个音节,儿化后而形成的一个新音节,即改变了原本的读音,但是卷舌单韵母音节,如"儿、耳、二"等,则本身就是由卷舌单元音 er 派生出的汉字,并不是因卷舌动作而产生的音变现象。以典型词语"孩儿"为例,如果这里的汉字"儿"是"儿化"的标志,那么拼音注音应为"孩儿 hár"。相对而言,如果"儿"是一个卷舌单韵母音节,则正确的注音应该为"háier"。其次,有些普通话学习者还会将"卷舌音"与"翘舌音"的概念相混淆。卷舌音指儿化音或单韵母 er,而翘舌音则指的是舌尖后音"zh、ch、sh、r"作为声母的音节,我们曾在前文中提到,翘舌音发音中舌尖太过向后,就有可能会导致"翘舌音卷舌化"的语音错误,因而很显然,"卷舌音"与"翘舌音"是两个截然不同的语音概念。

汉语中"儿化"现象的历史相对来说并不算太长,儿化音是受到满蒙语系影响后才逐渐融入中原汉语当中的,这也是为什么南方方言普遍不存在卷舌音的重要原因之一。另外,儿化音还带有较强的口语色彩,人们在书写与记录的时候往往不会把儿化词缀写出来,而仅仅保留词根本身。再有,随着社会的发展,现代汉语中的儿化现象表现出一种融合甚至流失的倾向。研究显示,人们似乎更愿意接受和使用一些非儿化的简单词语表达形式,比如相较于"围脖儿",即使在如今的北京,人们也更倾向于使用"围巾"取而代之。

二、从儿化的作用看学习儿化音应有的态度

既然汉语中的儿化现象正在"流失",儿化音的学习和掌握是不是就显得没有必要,至少并不像想象中的那么紧迫了呢?其实并非如此,我们还应该看到,汉语中的儿化现象有其独特的作用,这些作用尚不能被其他语音现象所取代。

和轻声现象相类似,儿化也有区分词意和词性的作用,最典型的例子是"画画儿""盖盖儿"。在这两个例词当中,不带儿化的"画"与"盖"是动词,代表了一种主动发出的动作,而带上了儿化的"画儿"和"盖儿"则瞬间变成了名词的词性。在普通话当中,这样的例子还有很多,比如"火星"(一颗太阳系的行星)与"火星儿"(火焰燃烧而产生的火花)、"一点"(一个时刻)与"一点儿"(作量词,是少量少许的意思)、"头"(脑袋)与"头儿"(首领、领头的)、"眼"(五官之一)与"眼儿"(器物上面能够穿过其他东西的小孔)等。除此之外,儿化还可以表示"小"或"少"的色彩,以及亲切、轻松或喜爱的感情,如"脸蛋儿、小花儿、小孩儿、小猫儿、小球儿、金鱼儿、铜钱儿"等。

从儿化现象在现代汉语中所具有的作用来看,对于普通话学习者来说,儿化规律的学习及其在言语体系中的构建仍是一件必须完成的任务。语言面貌中缺失了儿化音,不仅仅会使普通话听起来不地道、不纯正,还会相应地缺失一部分表情达意的重要工具和手段。

第四十六天·练习材料·常见儿化词语练习

第四十六天

找碴儿	板擦儿	壶盖儿	蒜瓣儿	老伴儿	一下儿	豆芽儿
照片儿	扇面儿	聊天儿	露馅儿	花样儿	大褂儿	拐弯儿
好玩儿	大腕儿	人缘儿	烟卷儿	绕远儿	嗓门儿	纳闷儿
夹缝儿	提成儿	旦角儿	小鞋儿	围嘴儿	走味儿	一会儿
墨水儿	瓜子儿	墨汁儿	玩意儿	肚脐儿	挨个儿	打嗝儿
碎步儿	有数儿	本色儿	老头儿	加油儿	口味儿	顶牛儿
被窝儿	大伙儿	中间儿	粉末儿	爆肚儿	大牌儿	电影儿
没事儿						

第十周 普通话"儿化"发不好的问题

第四十七天

104701：发不好卷舌音的三种具体类型
104702：以单韵母"er"的发音为样本主动构建卷舌动作

在普通话的学习中，无论是南方人还是北方人，无论在哪一方言片区，发不好儿化音的都大有人在，并且儿化问题的具体表现也是五花八门、种类繁多。在本书中，我们已经多次提到，准确认识自己的语音缺陷是改正问题的第一步，因此在本讲当中，我们就将发不好儿化音问题的具体表现进行简单的类型划分，并从卷舌音单韵母 er 的发音入手，主动体会舌尖卷起这一动作的具体感受。

一、发不好卷舌音的三种具体类型

我们尝试将卷舌音的发音问题按错误的严重程度或涉及的儿化韵的数量，程度由严重到一般、数量由多到少地进行划分，具体来说，大体可以将问题类型归为以下三种：

第一种是指学习者原生方言的语音体系中本身就缺失儿化音，这类人群的问题最为严重，他们的问题是根本就不知道如何将舌体卷起而完成卷舌发音。对于这一部分学习者来说,首先要做的就是通过一个基础卷舌音,努力体会卷舌动作,并逐步构建出一种卷舌的发音习惯,逐步让卷舌音融入自己日常的口语表达与交流当中去,其实这也正是我们在本讲的后半部分要讲解卷舌单韵母 er 发音方式的原因。

第二种错误类型就是,某些人的语音体系中有卷舌音,他们大部分的儿化韵发音是没有问题的,但是在某一类或者某几类韵母的儿化中却表现出了较为明显且顽固的儿化问题。比如在北方方言区中,很多地方的人"ie、üe"这两个韵母的儿化发不好,如"竹节儿(zhújiér)",会发成类似于"竹鸡儿(zhújír)"的声音,后文中我们会讲到,这是由于在儿化过程中不当地失落了尾音而导致的语音错误。想要纠正这种由于受方言或者发声方式影响而表现出的非全局性儿化问题,就需要从儿化音的发音规律角度系统地学习和改错,通过全局概览进而准确定位自身的问题,最终从根本上解决儿化问题。

除了以上两种问题类型之外,我们再来关注一种非常具体的卷舌音发音错误,并且将其归为卷舌音发音错误的第三种类型进行有针对性的改错,这种卷舌音语音错误就是数字"二"发音不准确的问题。在后文中,我们会详细地讲解,"二"的汉语拼音写法虽然为"èr",可是其正确的读音实际应该为"àr",因而不论什么原因,将"二"发成较窄的卷舌音"èr"都是不太恰当的。由于"二"的语音问题非常具有典型性,并且这一问题在北方方言中非常常见,我们将它框定为卷舌音发音问题的第三种,特别提醒学习者进行有针对性的改错。

二、以单韵母"er"的发音为样本主动构建卷舌动作

针对语音体系中缺失卷舌动作而不能发出儿化韵的问题，我们尝试以单韵母"er"的发音为样本，由浅入深、由易到难地主动构建儿化中的卷舌动作。之所以选择"er"作为引导音，一来因为其发音简单易学，二来由于很多韵母的儿化过程都需要舌位下降到"央 e"的位置再卷舌，实际上"er"的发音就是很多儿化韵的后程发音，因而从卷舌单韵母"er"的发音学起，对想要彻底发好儿化音的学习者来说是事半功倍的。

我们先来了解一下卷舌韵母"er"的发音："er"的发音实际上是由两个动作构成的，发音一开始首先发出的是"央 e"，"央 e"的发音位置比单韵母"e"更加靠前一些，学习者可以通过鼻韵母"en"或"eng"来找寻"央 e"的发音位置。在"er"的发音中，"央 e"成音之后，紧随其后的便是舌尖对着硬腭方向轻巧地向上一卷，通过这样的两个连贯动作而发出的这个音就是卷舌的基准音"er"。我们再来强调一遍"er"的发音要诀——"舌尖"对着硬腭向上一卷——请普通话学习者特别注意，卷舌的时候需要将注意力放在舌体前部的舌尖上，而切忌舌根用力。舌根发力是很多人发不出卷舌音，把"儿子"发成"蛾子"的重要原因之一。有些人认为卷舌的动作是向内的，所以需要向内使劲，向内使劲当然就需要舌根和喉部用力了——其实这是一种极其错误的观念，在我们主观上构建卷舌音的时候，一定要记得自我提醒：注意力放在舌尖，由外向内，只有从舌尖发力才能够创造出更多的舌位动程空间，使发音者的卷舌更充分、更好听。

在本讲的最后需要强调的是，我们虽然以"er"为样本音对卷舌动作进行主动构建，但是并非所有的韵母都是从"央e"位置卷舌而变成儿化韵的，我们之所以要从"er"的发音练起，是因为它是卷舌音的基准，是我们学习儿化音的一个心理支点，在接下来的学习中，我们会从这个音出发再来体会更多的儿化韵。

第四十七天·练习材料·儿化音绕口令练习

1.进了门儿，倒杯水儿，喝了两口运运气儿。顺手拿起小唱本儿，唱了一曲儿又一曲儿，练完了嗓子练嘴皮儿，绕口令儿，练字音儿，还有快板儿对口词儿，越说越唱越带劲儿。

2.有个小孩儿叫小兰儿，口袋儿里装着几个钱儿，又打醋，又买盐儿，还买了一个小饭碗儿。小饭碗儿，真好玩儿，红花儿绿叶儿镶金边儿，中间儿还有个小红点儿。

3.一个老头儿，上山头儿，砍木头，砍了这头儿砍那头儿，对面儿来了个小丫头儿，给老头儿送来一盘儿小馒头儿，没留神儿撞上一块大木头，栽了一个小跟头儿。

4.打南边来了个白胡子老头儿，手拉着倍儿白的白拐棍儿。二月二，上小镇，买根烟袋儿不通气儿，回来看看是根棍儿。

5.一条裤子七道缝儿，横缝儿上面有竖缝儿，缝了横缝儿缝竖缝儿，缝了竖缝儿缝横缝儿。

6.小小子儿，不贪玩儿，画小猫儿，钻圆圈儿；画小狗儿，蹲小庙儿；画小鸡儿，吃小米儿；画个小虫儿，顶火星儿。

第十周 普通话"儿化"发不好的问题

第四十八天

104801：儿化音发音规律的"两个维度"
104802：普通话所有儿化韵的总结与举例

在本讲当中，我们将采用一种全新的视角对儿化音的发音规律进行总结和归纳，提出"儿化发音条件"即"是否失落韵尾"，以及"儿化发音方式"即"舌位是否下降"是儿化音发音规律的两个认识维度。我们尝试从这两个维度入手，对普通话39个韵母的儿化进行总结和归纳。

一、儿化音发音规律的"两个维度"

在总结儿化音的发音规律之前，我们先从感观上尝试对韵母的儿化现象进行一些有针对性的发音对比体会。我们挑选出第一组对比词"号码（hàomǎ）"和"小满（xiǎomǎn）"（一个乳名），分别尝试读出它们的儿化音——如果学习者可以将这两个音节的儿化韵全部发对，那么一个有趣的语音现象就会出现，就是两个原本不同的音节"mǎ"和"mǎn"经过儿化处理之后竟然变成了同一个音节"mǎr"，很显然在儿化的过程中，一些值得关注和研究的语音改变发生了。接着我们再来尝试发出"小鸡(xiǎojī)"和"金鱼(jīnyú)"两个词的儿化音,我们知道,"jī"和"yú"的末尾音素"i"和"ü"的舌位都在口腔的前高,发音时口腔基本处于闭合状态,通过对"小鸡(xiǎojī)"和"金鱼(jīnyú)"的儿化,来感受一下我们能不能在舌位处在口腔既靠前又偏高的状态下顺利地发出儿化音。通过反复的发音尝试,我们发现当舌位处于口腔的极端位置时,直接的儿化很难完成,发音者需要首先做出一个舌位的下降动作才能进而实现舌尖的卷起,发出准确的儿化韵母。

通过以上两个发音实验我们不难发现,汉语普通话中的儿化现象并不是简单地在音节末尾加上一个字母"r",之后直接完成卷舌动作就可以了,音节的儿化过程时常伴随着尾音的主动脱落以及舌位的向下移动,这就是我们在儿化音发音规律中需

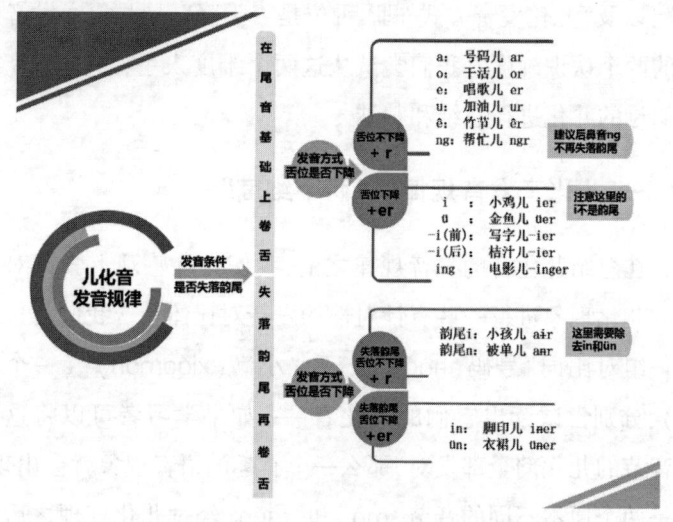

图 10-1 儿化音的发音规律总图

要重点关注的两个维度:想要发好儿化音,首先需要判断儿化的发音条件,即是否需要失落音节末尾的韵尾;其次需要关注儿化的发音方式,即需要儿化的韵母的舌位是否需要完成下降动作之后再卷舌。

二、普通话所有儿化韵的总结与举例

根据儿化音发音的两个维度,我们将普通话39个韵母的儿化韵以表格的形式进行了总结与举例,请学习者特别注意每个音节的韵尾是否被失落了。另外,儿化韵的音节末尾如果被加上了"er",则说明这个音节是在其韵母完成了舌位下降之后再卷舌,进而发出儿化音的。

表 10-1　普通话 39 个韵母对应的儿化韵

韵母	儿化韵	词语举例
a	ar	号码儿
o	or	干活儿
e	er	唱歌儿
i	ier	小鸡儿
u	ur	加油儿
ü	üer	金鱼儿
ê	êr	
-i(前)	-ier	写字儿
-i(后)	-ier	橘汁儿
er		
ai	ar	小孩儿
ei	er	摸黑儿

续表

韵母	儿化韵	词语举例
ao	aor	头套儿
ou	our	小偷儿
ia	iar	人家儿
ie(iê)	iêr	竹节儿
ua	uar	小褂儿
uo	uor	山坡儿
üe(üê)	üêr	主角儿
iao	iaor	小脚儿
iu(iou)	iour	踢球儿
uai	uar	一块儿
ui(uei)	uer	鸡腿儿
an	ar	被单儿
ian	iar	铜钱儿
uan	uar	面团儿
üan	üar	转圈儿
en	er	脸盆儿
in	ier	脚印儿
uen	uer	作文儿
ün	üer	衣裙儿
ang	angr	帮忙儿
iang	iangr	秦腔儿
uang	uangr	小王儿
eng	engr	小凳儿
ing	inger	电影儿
ueng	uengr	小瓮儿

第十周　普通话"儿化"发不好的问题

续表

韵母	儿化韵	词语举例
ong	ongr	胡同儿
iong	iongr	小熊儿

第四十八天·练习材料·儿化的大单元语段练习(一)

普通话水平测试·短文朗读作品第5号：第一场雪

这是入冬以来，胶东半岛上第一场雪。

雪纷纷扬扬，下得很大。开始还伴着一阵儿小雨，不久就只见大片大片的雪花，从彤云密布的天空中飘落下来。地面上一会儿就白了。冬天的山村，到了夜里就万籁俱静，只听得雪花簌簌地不断往下落，树木的枯枝被雪压断了，偶尔咯吱一声响。

大雪整整下了一夜。今天早晨，天放晴了，太阳出来了。推开门一看，嗬！好大的雪啊！山川、河流、树木、房屋，全都罩上了一层厚厚的雪，万里江山，变成了粉妆玉砌的世界。落光了叶子的柳树上挂满了毛茸茸亮晶晶的银条儿；而那些冬夏常青的松树和柏树上，则挂满了蓬松松沉甸甸的雪球儿。一阵风吹来，树枝轻轻地摇晃，美丽的银条儿和雪球儿簌簌地落下来，玉屑似的雪末儿随风飘扬，映着清晨的阳光，显出一道道五光十色的彩虹。

大街上的积雪足有一尺多深，人踩上去，脚底下发出咯吱咯吱的响声。一群群孩子在雪地里堆雪人、掷雪球儿。那欢乐的叫喊声，把树枝上的雪都震落下来了。

俗话说,"瑞雪兆丰年"。这个话有充足的科学根据,并不是一句迷信的成语。寒冬大雪,可以冻死一部分越冬的害虫;融化了的水渗进土层深处,又能供应庄稼生长的需求。我相信这一场十分及时的大雪,一定会促进明年春季作物,尤其是小麦的收成。有经验的老农把雪比做是"麦子的棉被"。冬天"棉被"盖得越厚,明春麦子就长得越好,所以又有这样一句谚语:"冬天麦盖三层被,来年枕着馒头睡。"

我想,这就是人们为什么把及时的大雪称为"瑞雪"的道理吧。

第十周 普通话"儿化"发不好的问题

第四十九天

104901：儿化音发音规律的第一个维度——是否失落韵尾
104902：儿化音发音规律的第二个维度——舌位是否下降

在上一讲中，我们比较笼统地介绍了儿化音发音规律的两个维度并以图表的方式对其进行了呈现。那么在本讲当中，我们将以例证的形式对儿化中"失落韵尾"和"舌位下降"的现象进行详细的说明，并最终解释为什么汉语普通话的儿化会呈现出如此复杂多变的样态。

一、儿化音发音规律的第一个维度——是否失落韵尾

我们将儿化音发音规律的第一个维度称为"发音条件"，意为在卷舌动作发生之前需要完成的音节准备，这个音节准备特指"是否需要失落韵尾"。学习者可以结合上文的"图10-1 儿化音的发音规律"进行比对，根据儿化音发音规律的第一个维度，我们将汉语普通话中的儿化韵分为"失落韵尾再卷舌"和不需要失落韵尾的"在尾音基础上卷舌"两种类型。

从吐字归音的角度来说，一个音节可以分为"声母、韵头、

韵腹和韵母"四个组成部分,其中元音韵尾有"i、o、u",鼻辅音韵尾可由"n、ng"构成。在现代汉语普通话儿化音的发音中,约定俗成地将一些韵尾在儿化中失落,所谓失落就是发音前将其去掉,之后再在失落韵尾后的音节的主要元音上完成卷舌动作。如词语"小孩(xiǎohái)""被单(bèidān)"的儿化音"小孩儿(xiǎohár)""被单儿(bèidār)",它们就是在主要元音 a 的基础上卷舌的,是在失落韵尾"i"或"n"后的新音节"há"和"dā"的基础上卷舌的,而不是在原音节"hái"和"dān"的基础上直接卷舌的。其实,这也是在上一讲提到的为什么"号码(hàomǎ)"和"小满(xiǎomǎn)"中"码"和"满"的儿化音会变为同一个音节的原因。

在汉语普通话中,需要失落韵尾之后再卷舌的韵母有"ai、ei、uai、ui(uei)、an、ian、uan、üan、en、in、uen、ün",共 12 个。至于后鼻韵母(ng)以及两个舌尖元音是否需要失落的问题,我们下一讲再来讨论。

二、儿化音发音规律的第二个维度——舌位是否下降

儿化音发音规律的第二个维度叫作"发音方式",指的是"舌位下降后再卷舌"和"舌位不下降,直接在尾音基础上卷舌"两种情况。我们以"号码(hàomǎ)"和"小鸡(xiǎojī)"两个词为例,对其儿化中的卷舌动作进行比较。我们首先较为夸张地发出两个例词的末尾音素,充分体会末尾音素的舌位,之后尝试在末尾音素"a"和"i"的舌位基础上"顺势"卷舌,感受能否将舌尖对着硬腭轻巧地卷起。通过反复体会,我们应该能够发现,当末尾音素舌位较低(如 a、ê 等)或舌位偏后(如 o、e、u、ng 等)时,

第十周 普通话"儿化"发不好的问题

舌尖能够顺势卷起完成儿化音的发音,但是,如果舌位偏前且处于高位的时候(如 i、ü、舌尖元音等),舌尖便需要首先完成一个舌位的下降,下降的趋势和方向指向央 e 的位置,目的是为了留出足够的舌位动程以完成卷起动作,这也是我们先前练习儿化基准音"卷舌单韵母 er"的意义之所在。

在汉语普通话中,需要舌位下降之后再卷舌的韵母有"i、ü、-i(前)、-i(后)、in、ün、ing",共 7 个,其中"in、ün"更为特殊,因为它们的儿化,需要首先失落尾音,之后再进行相应的舌位下降才能顺利完成。

讲到这里,学习者也许注意到了一个有趣的现象,在我们讲解儿化规律所使用的诸多例词的音素中,"i"似乎显得非常突出,当它作为韵尾时需要主动将其失落,而当其作为韵腹而被儿化时,则需要首先完成舌位的下降再卷舌。其实,对"i"的儿化恰恰揭示了汉语普通话儿化规律为何如此繁杂的原因:本来对韵母的儿化只是完成一个简单的顺势卷舌动作即可,但是由于有些韵母的舌位偏高且凸前,没有足够的动程空间完成卷舌,因而当这些音素(i、ü、n 等)出现时,如果它们充当音节的韵尾,我们便"约定俗成"地将其直接失落;如果它们不在音节末尾而不能省去,我们就只能退而求其次,完成一个舌位下降用以增加动程空间,使卷舌动作能够发生时再去卷舌——其实这就是读懂看似复杂的汉语普通话儿化音发音规律的终极"密码"。

第四十九天·练习材料·儿化的大单元语段练习(二)

第四十九天 普通话水平测试·短文朗读作品第 17 号:济南的冬天

对于一个在北平住惯的人,像我,冬天要是不刮风,便觉得是奇迹;济南的冬天是没有风声的。对于一个刚由伦敦回来的人,像我,冬天要能看得见日光,便觉得是怪事;济南的冬天是响晴的。自然,在热带的地方,日光永远是那么毒,响亮的天气,反有点儿叫人害怕。可是,在北方的冬天,而能有温晴的天气,济南真得算个宝地。

设若单单是有阳光,那也算不了出奇。请闭上眼睛想:一个老城,有山有水,全在天底下晒着阳光,暖和安适地睡着,只等春风来把它们唤醒,这是不是理想的境界?小山整把济南围了个圈儿,只有北边缺着点口儿。这一圈小山在冬天特别可爱,好像是把济南放在一个小摇篮里,它们安静不动地低声地说:"你们放心吧,这儿准保暖和。"真的,济南的人们在冬天是面上含笑的。他们一看那些小山,心中便觉得有了着落,有了依靠。他们由天上看到山上,便不知不觉地想起:明天也许就是春天了吧?这样的温暖,今天夜里山草也许就绿起来了吧?就是这点儿幻想不能一时实现,他们也并不着急,因为这样慈善的冬天,干什么还希望别的呢!

最妙的是下点儿小雪呀。看吧,山上的矮松越发的青黑,树尖儿上顶着一髻儿白花,好像日本看护妇。山尖儿全白了,给蓝天镶上一道银边。山坡上,有的地方雪厚点儿,有的地方草色还露着;这样,一道儿白,一道儿暗黄,给山们穿上一件带水纹儿的

第十周 普通话"儿化"发不好的问题

花衣;看着看着,这件花衣好像被风儿吹动,叫你希望看见一点儿更美的山的肌肤。等到快日落的时候,微黄的阳光斜射在山腰上,那点儿薄雪好像忽然害羞,微微露出点儿粉色。就是下小雪吧,济南是受不住大雪的,那些小山太秀气。

第五十天

105001:儿化音发音规律中的"争议"
105002:一个特殊的卷舌音——汉字"二"的发音问题

有些普通话学习者或许会发现,本书所总结的汉语普通话儿化音发音规律与传统经典教科书中的一些说法有些不同之处,那么在本周的最后一讲我们就来谈一谈儿化音发音中的这些所谓"争议"之处。

一、儿化音发音规律中的"争议"

第一处所谓的争议是后鼻音韵母如何儿化的问题。在传统的普通话教材中,大多认为后鼻音韵母儿化时应该失落后鼻尾音 ng,之后再将主要元音鼻化并卷舌发出儿化音。如果应用此规律,词语"帮忙(bāngmáng)""电影(diànyǐng)"的儿化音就应该念成"帮忙儿(bāngmár)、电影儿(diànyǐer)",这种鼻韵母儿化方式我们并不感到十分陌生,因为我们常常可以在一些描写老北京胡同生活、北京大院生活的影视作品里听到。类似的后鼻韵儿化发音还广泛存在于冀东方言当中,比如唐山话。关

第十周 普通话"儿化"发不好的问题

于此问题,我们在前文就曾强调过,现代汉语是一门充满了活力的变化着的语言,其中语音的变化最为明显,就后鼻韵母的儿化而言,在日常的口语交流中,失落韵尾再儿化的情况显得越来越不主流,甚至现在的北京人也已经不习惯类似的儿化方式,"帮忙儿(bāngmár)、电影儿(diànyǐer)"成了更多人眼中一种带有方言色彩的儿化方式。除此之外,从卷舌动作的发音方式来讲,后鼻音归音时舌根与软腭的接触其实并不会影响舌尖的卷起而发出正确的儿化音。因而,我们更为推荐的后鼻音儿化方式是在后鼻音归音的过程中进行直接卷舌,即"帮忙儿(bāngmángr)、电影儿(diànyǐnger)",在这种儿化方式中,后鼻音的色彩依然得到了保留。在这里值得注意的是,后鼻音韵母"ing"的儿化,由于其韵腹为前高元音"i",因而需要在舌根归音的同时完成一个舌位下降,才能完成相应的卷舌动作,发出准确的儿化音。

第二个所谓的争议是舌尖元音"-i(前)"和"-i(后)"作为韵母的音节的儿化问题,即整体认读音"zi、ci、si"和"zhi、chi、shi、ri"的儿化问题。传统理论认为,这几个音在儿化时,需要失落音节的韵腹,也就是舌尖元音"-i(前)"和"-i(后)"本身,然后补充一个"央 e"作为韵母,再完成儿化。按照这样的思路,"写字(xiězì)"和"豆汁(dòuzhī)"的儿化音就应该是"写字(xiězèr)"和"豆汁(dòuzhēr)",而通过语音实验进行测量观察之后发现可以,其实舌尖元音儿化时舌位并没有下降到"央 e"的位置,如果用"zer、cer、ser、zher、cher、sher、rer"来表示舌尖元音的儿化,在我看来不仅不能引导普通话学习者发出准确的儿化音,还可能使初学者将其误读为平翘舌声母与单韵母 e 相拼音节的儿化音。因而我们建议将这组音归入不失落尾音的类别,也就是保留舌尖元音的发音色彩,然后舌位略微下降再去卷舌,并不是武断地把主要元音直接替换成 e 再去卷舌。在儿化音发音规律学习的末尾还需强调,加上了字母 e 的儿化韵,只是表示舌位的一种下降的趋势,并不是要求发音者一定要发出"央 e"再卷舌。

最后总结一点:在日常的口语表达中,只要略微放松口腔肌肉,在发出韵腹的同时,舌体的舌尖部分顺势向上一卷,容易卷舌的我们就直接卷舌,不容易卷舌的就将舌位略微下降,然后再尝试卷舌——这样,正确的儿化音就发出了。

二、一个特殊的卷舌音——汉字"二"的发音问题

在本周讲解的最后,我们来解决一个常见且具有典型意义的卷舌音的发音问题,即数字"二"的发音问题。在这里要关注的"二(èr)"的发音问题不是港台腔里把"二(èr)"发成"二(è)"这种不卷舌的问题,而是把"二(èr)"发得窄,由"àr"变"èr"的问题。

单韵母"er"所对应的汉字包括"儿(ér)、耳(ěr)、二(èr)"等,但实际上,数词"二"的发音却约定俗成地与其他几个都不同。"二"与"儿、尔、耳"等汉字的发音在舌位高低、口腔开合上有着明显的差别,"儿(ér)、耳(ěr)"确实如拼音所表示的,是从"央 e"开始卷舌动作的,但是汉语中唯独数词"二",拼音的拼写方式虽为"èr",但其实际是由"央 a"开始卷舌的,准确的读音应为"àr"。因而,"二(àr)"的发音,不能单纯地依据拼音读成窄化的"èr"。学习者可以反复发出例词"二儿子(àrérzi)",体

第十周 普通话"儿化"发不好的问题

会"二"与"儿"除声调以外的其他发音差别,"二儿子(àrérzi)"切不可念成"二儿子(èrérzi)"。但是同样的,"儿(ér)、耳(ěr)"等音也不能发宽,"二儿子(àrérzi)"也不能读成"二儿子(àrárzi)"。从某种意义上来讲,"二"的发音问题,还是一个我们之前讲过的宽窄音混淆的问题。

第五十天·练习材料·儿化的大单元语段练习(三)

普通话水平测试·短文朗读作品第41号:天才的造就

在里约热内卢的一个贫民窟里,有一个男孩子,他非常喜欢足球,可是又买不起,于是就踢塑料盒,踢汽水瓶,踢从垃圾箱里拣来的椰子壳。他在胡同里踢,在能找到的任何一片空地上踢。

有一天,当他在一处干涸的水塘里猛踢一个猪膀胱时,被一位足球教练看见了。他发现这个男孩儿踢得很像是那么回事,就主动提出要送给他一个足球。小男孩儿得到足球后踢得更卖劲了。不久,他就能准确地把球踢进远处随意摆放的一个水桶里。

圣诞节到了,孩子的妈妈说:"我们没有钱买圣诞礼物送给我们的恩人,就让我们为他祈祷吧。"小男孩儿跟随妈妈祈祷完毕,向妈妈要了一把铲子便跑了出去。他来到一座别墅前的花园里,开始挖坑。

就在他快要挖好坑的时候,从别墅里走出一个人来,问小孩儿在干什么,孩子抬起满是汗珠的脸蛋儿,说:"教练,圣诞节到了,我没有礼物送给您,我愿给您的圣诞树挖一个树坑。"

教练把小男孩儿从树坑里拉上来,说,我今天得到了世界上最好的礼物。明天你就到我的训练场去吧。

三年后,这位十七岁的男孩儿在第六届足球锦标赛上独进二十一球,为巴西第一次捧回了金杯。一个原来不为世人所知的名字——贝利,随之传遍世界。

后　记

　　这是在米堡的一个普通下午,此刻,国内已近午夜时分,历时两个多月的写作,《普通话训练手册:50天突破》一书终于截稿了。

　　说起来很奇妙,在英格兰东北部小镇米德尔斯堡提赛德大学的图书馆里,邻座的同学正在用英语在笔记本电脑的键盘上飞快地敲出自己的开题报告,广播里正用略带口音的方言英语播放着图书馆的闭馆时间——就在这样的环境下,从复活节假期一直到盛夏的暑假,我在这里完成了一部有关中文普通话教学的书稿的写作。

　　很感谢这段静谧的访学时光,它重新让我有机会审视为生命多增添几处留白的意义。从事普通话教学已有七年余,其间曾遇见许多"疑难杂症",也因此寻访过许多学者大家,更积累了许多来不及总结的思考,终于在2018年的上半年,在英伦三岛昼最长夜最短的四到六月间,可以塌下心来,认真梳理,慢慢记录。初稿毕,感觉很幸福。

　　衷心地感谢在本书素材积累及最终写作过程中给予我帮助的人们:感谢中国传媒大学出版社的黄松毅编辑的真诚约稿,感谢黄老师在在线知识问答方面提出的非常有价值的建议和路径;感谢我敬爱的硕士生导师、中国传媒大学播音与主持艺术学院的卢静教授为本书倾情作序;感谢提赛德大学计算机、媒体与艺术学院的 Mark Handscomb 教授在紧张的访学期间仍能空出足够的时间让我顺利完成书稿的写作;感谢河北传媒学院影视艺术学院的蔺建旭老师为本书所绘制的插图;感谢宋读新文播音主持公益晨读计划的杨洋、张梦瞳等优秀志愿者提供的丰富语音样本;感谢那些奋战在推普战线上的前辈专家学者们一如既往的辛勤工作与探索;感谢所有普通话学习者对推广普通话工作的大力支持!

最后想要真诚地说,本书尚有很多不足之处,欢迎读者朋友的批评指正。作为一名基层汉语普通话教师,我会不断完善普通话语音教学方法,争取能够帮助更多的人学说一口流利、地道、纯正、漂亮的普通话。

二〇一八年六月一日于英国米德尔斯堡完稿

图书在版编目(CIP)数据

普通话训练手册:50天突破／宋扬著. -- 北京:中国传媒大学出版社,2021.12（2024.5重印）
ISBN 978-7-5657-2996-6

Ⅰ.①普… Ⅱ.①宋… Ⅲ.①普通话—自学参考资料 Ⅳ.①H102

中国版本图书馆 CIP 数据核字(2021)第 156415 号

普通话训练手册:50 天突破
PUTONGHUA XUNLIAN SHOUCE:WUSHITIAN TUPO

著　　者	宋　扬
责任编辑	黄松毅
责任印制	李志鹏
封面设计	宇宙尺度
出版发行	中国传媒大学出版社
社　　址	北京市朝阳区定福庄东街 1 号　　邮　编　100024
电　　话	86-10-65450528　65450532　　传　真　65779405
网　　址	http://cucp.cuc.edu.cn
经　　销	全国新华书店
印　　刷	三河市东方印刷有限公司
开　　本	850mm×1168mm　1/32
印　　张	10
字　　数	166 千字
版　　次	2021 年 12 月第 1 版
印　　次	2024 年 5 月第 3 次印刷
书　　号	ISBN 978-7-5657-2996-6/H・2996　　定　价　38.00 元

本社法律顾问:北京嘉润律师事务所　郭建平